「地元チーム」がある幸福

スポーツと地方分権

橘木俊詔
Tachibanaki Toshiaki

a pilot of wisdom

目次

第2章 プロスポーツはすでに「地方分権」にシフト

はじめに　プロスポーツの振興が地方を活性化する

　地方の活性化には、スポーツの発展がもっとも有効な政策の一つである。堀・木田・薄井（2007）の指摘を待つまでもなく、人々がスポーツに興じること、他人の行うスポーツ競技を観戦すること、この二つの行為が地方の活性化に貢献する。スポーツに興じることは自己の健康促進につながるし、スポーツ観戦は自己の生活を充実させるのみならず、地域の人々の連帯感を高め、かつ、スポーツ施設の建設や観衆の集まりを通じて経済活性化に貢献するのである。さらにスポーツに関して重要な視点は、スポーツ用具やユニフォームに関連した産業の発展、スポーツ報道を行うマスメディアの活動なども経済の活性化に貢献することである。

スポーツにはアマチュアとプロフェッショナルの二種類があるが、本書での主たる関心はプロである。扱うのは野球、サッカー、バスケットボール、アイスホッケーとする。アマとプロを区別するもっともわかりやすい分岐点は、スポーツを行う人が報酬を受け取るか、それとも受け取らないかの差である。なお、プロであっても報酬だけで生活できる人もいれば、それだけでは不足するので他の労働をして稼がなければならない人もいる。このプロの中における格差についても、本書の中で指摘していく。

本書の主張は、プロスポーツを振興することがその地域の活性化に大いに貢献するというものであるが、日本でプロスポーツを論じるときには重要な視点があることを述べておこう。

プロ野球に代表されるように、企業が球団のオーナーになり、球団は親企業の子会社として経営にあたるという一つの方式がある。一方、サッカーやバスケットボールに代表されるように、親企業は存在せず、スポーツ会社を独自に作って経営にあたるという方式がある。ただし後者の方式であっても、企業はスポンサーとして資金の提供を行うことは可能である。もっともわかりやすい差は、前者の方式では企業名がチームの名称に冠されるが、後者の方式では地域名がチーム名に冠される。例を挙げれば、前者は読売ジャイアンツ、後者は浦和レッズである。この歴史的経緯と論点についても、本書で言及する。

地域でプロスポーツを振興させるに際して、スポーツの世界とは別に、基本的に重要な政策がある。それは、日本における東京一極集中をやめて、あらゆる活動を地方に分散させる政策の実行である。地方に人口を移せば、スポーツに興じる人の増加と、スポーツを観戦する人の増加が確実に期待できるのである。

一般論としての「東京一極集中」がなぜ日本にとって好ましくないかは、本書の序章で論じるが、ここでは地方分散化政策の要点を箇条書きにしておこう。

1　東京一極集中をやめて、地方の中核都市にある程度の政治・経済の集中を図り、集積のメリットに期待する。しかし東京のような極端な集中は避け、全国の8～10都市に、ある程度の分散を行う。

2　地方分散化政策の成否は、企業の本社、工場などの、東京からの移転の可否にかかっている。中央官庁の移転も同様に重要である。自・公政権は、東京から地方に本社機能を移した企業に法人税を優遇する策を採用している。これをもっと徹底して続行してほしい。さらに、東京に本社や工場を持っていれば、費用的に不利になるという状況を中央政府が政策として考えてもよい。さらに、企業が地方で土地を購入する際に、低価格で提供する策が非常に有効である。大学の地方移転ではこの策がよく用いられており、企業にも考えられてよい。

3　企業の移転には、従業員と家族の移住が伴わねば効果は半分にもならない。夫の単身赴任だけでは効果がないので、家族の住宅、学校、医療、買い物施設など、あらゆる生活面において、地方に移ることにためらいのないようにしたい。

具体的には、社宅の整備も一案だし、自宅購入においては東京圏よりもはるかに安価で済むことをもっと宣伝したい。教育においても、東京や大阪よりも地方（例えば東北地方や北陸地方）のほうが子どもの学力は高い、という事実をもっと周知させたい。同時に、地方政府のさらなる教育政策の拡充にも期待したい。また、医療・介護など福祉への不安が都会人にとってはもっとも大きいかもしれないので、これに関しては、地方政府が医療・介護などの分野での拡充策をさらに積極的に行ってほしい。

4　都会人が地方に移住するときの不満は、刺激のある生活の欠如であるかもしれない。そのためにも、本書でこれから主張するように、地方でプロスポーツが今より活発になることが必要なのである。もともとスポーツに興味のある人は多いわけだから、地方でも、その受け皿を用意することには大きな意味がある。

スポーツのみならず、文化活動に興味のある人は、地方ではそれらに接する機会がなくなると思っているかもしれない。しかし、地方で人口が増加すれば、演劇やコンサートなどの興行主は地方でも公演する機会を確実に増加させるだろう。また、現代では音楽、オペラ、演劇などの公演を収録した映像を、ライブビューイングとしてどこの地域でも鑑賞できる時代になっている。筆者は、ニューヨーク・メトロポリタン歌劇場の公演を、日本の映画館でライブビューイングによって楽しんでいるが、そこには、公演会場では決して観(み)られない歌手の表情までアップの映像で観ることができるメリットもある。

スポーツ観戦や文化活動を地方では楽しめないという不満は、これからの時代はなくなっていくだろうと予想できる。また、そのような社会をつくっていかなければならない。

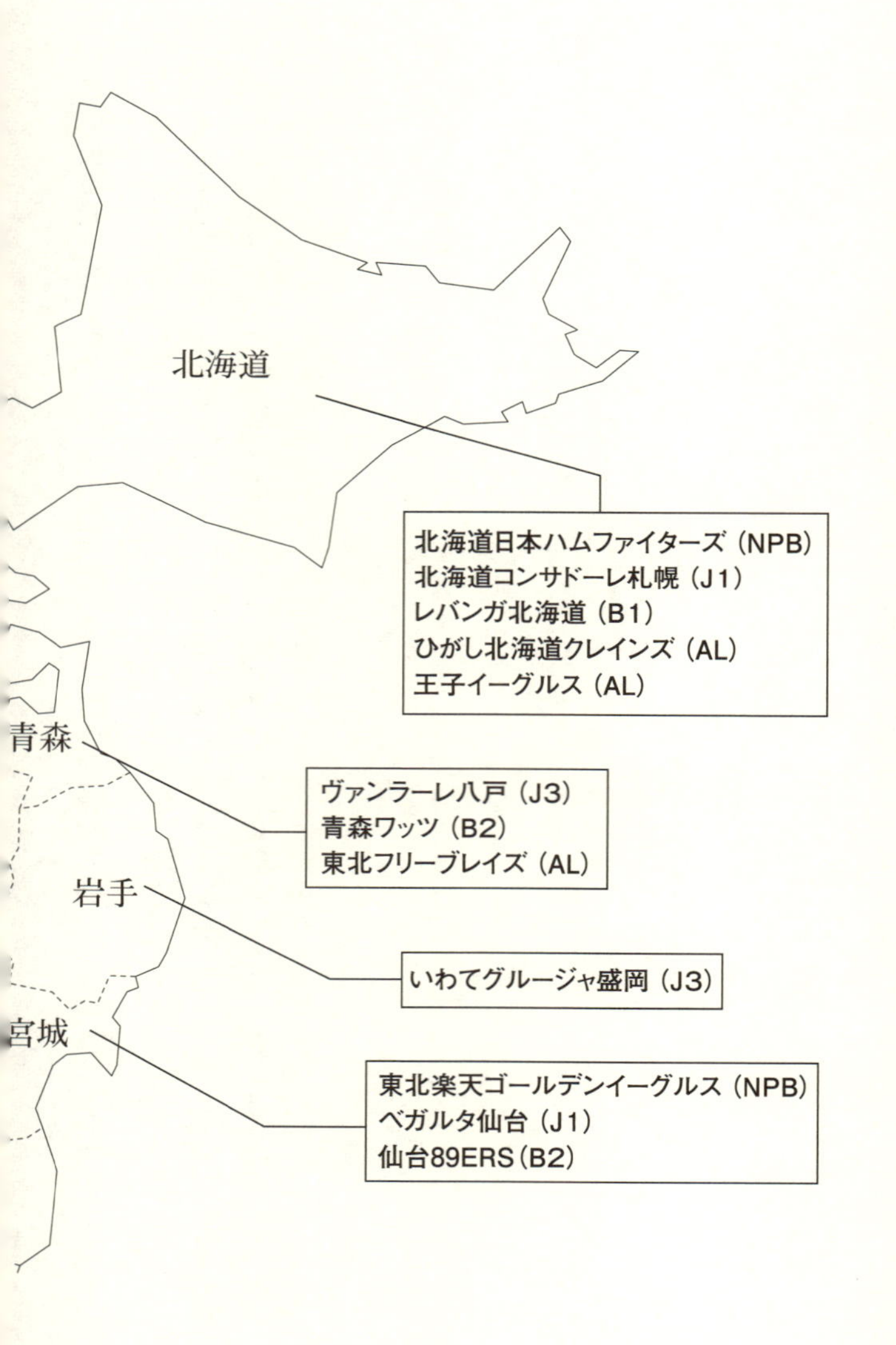
北海道
北海道日本ハムファイターズ（NPB）
北海道コンサドーレ札幌（J1）
レバンガ北海道（B1）
ひがし北海道クレインズ（AL）
王子イーグルス（AL）
青森
ヴァンラーレ八戸（J3）
青森ワッツ（B2）
東北フリーブレイズ（AL）
岩手
いわてグルージャ盛岡（J3）
宮城
東北楽天ゴールデンイーグルス（NPB）
ベガルタ仙台（J1）
仙台89ERS（B2）

日本のプロスポーツチーム一覧

（カテゴリー、名称は2019年8月時点）

凡例	
野球	NPB（日本野球機構） BCL（ルートインBCリーグ） 関西独立L（関西独立リーグ） 四国IL（四国アイランドリーグplus）
サッカー	J1 J2 J3
バスケット	B1 B2
アイスホッケー	AL（アジアリーグ）

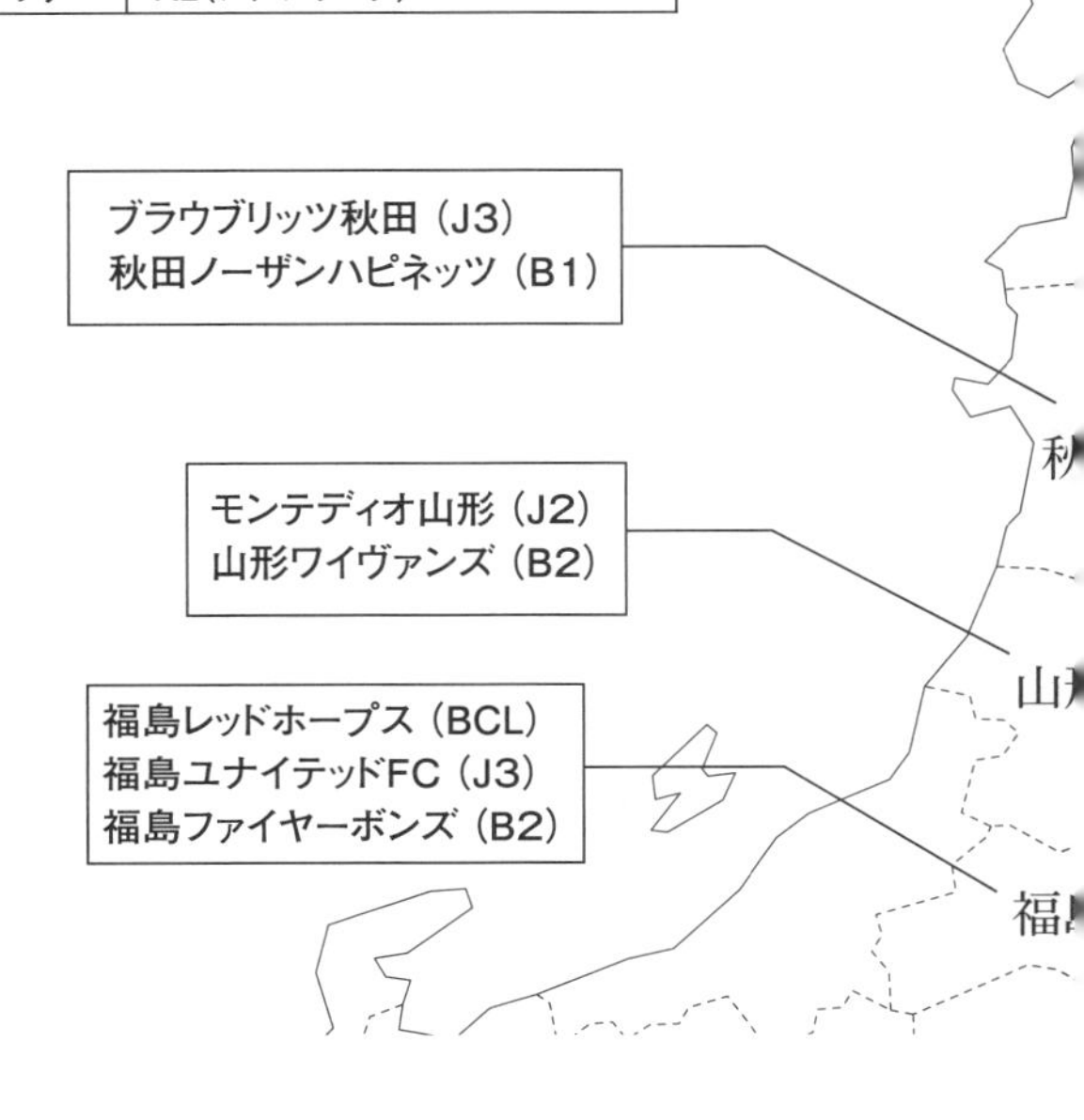

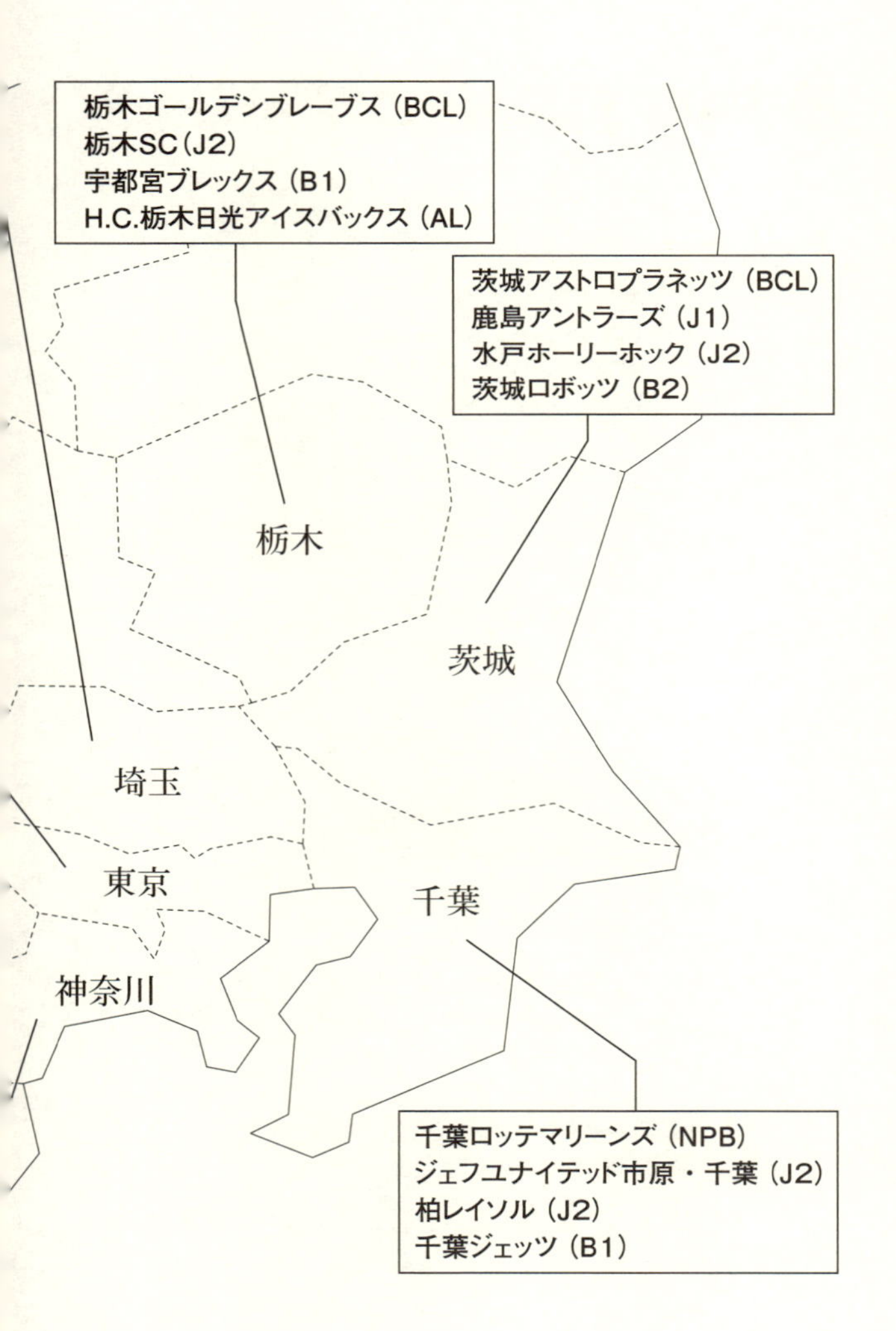
栃木ゴールデンブレーブス（BCL）
栃木SC（J2）
宇都宮ブレックス（B1）
H.C.栃木日光アイスバックス（AL）
茨城アストロプラネッツ（BCL）
鹿島アントラーズ（J1）
水戸ホーリーホック（J2）
茨城ロボッツ（B2）
栃木
茨城
埼玉
東京
千葉
神奈川
千葉ロッテマリーンズ（NPB）
ジェフユナイテッド市原・千葉（J2）
柏レイソル（J2）
千葉ジェッツ（B1）

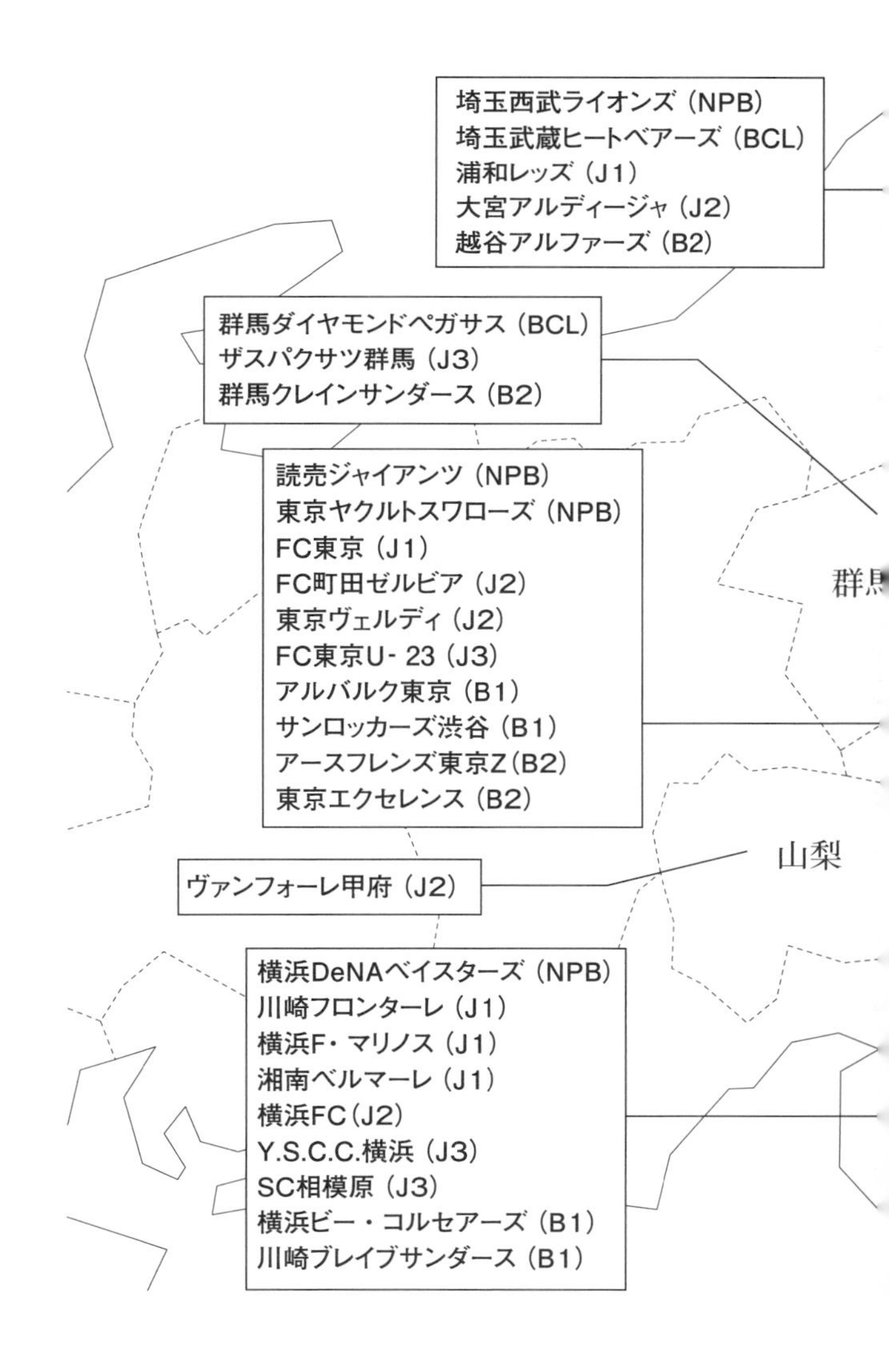
埼玉西武ライオンズ（NPB）
埼玉武蔵ヒートベアーズ（BCL）
浦和レッズ（J1）
大宮アルディージャ（J2）
越谷アルファーズ（B2）
群馬ダイヤモンドペガサス（BCL）
ザスパクサツ群馬（J3）
群馬クレインサンダース（B2）
読売ジャイアンツ（NPB）
東京ヤクルトスワローズ（NPB）
FC東京（J1）
FC町田ゼルビア（J2）
東京ヴェルディ（J2）
FC東京U-23（J3）
アルバルク東京（B1）
サンロッカーズ渋谷（B1）
アースフレンズ東京Z（B2）
東京エクセレンス（B2）
山梨
ヴァンフォーレ甲府（J2）
横浜DeNAベイスターズ（NPB）
川崎フロンターレ（J1）
横浜F・マリノス（J1）
湘南ベルマーレ（J1）
横浜FC（J2）
Y.S.C.C.横浜（J3）
SC相模原（J3）
横浜ビー・コルセアーズ（B1）
川崎ブレイブサンダース（B1）

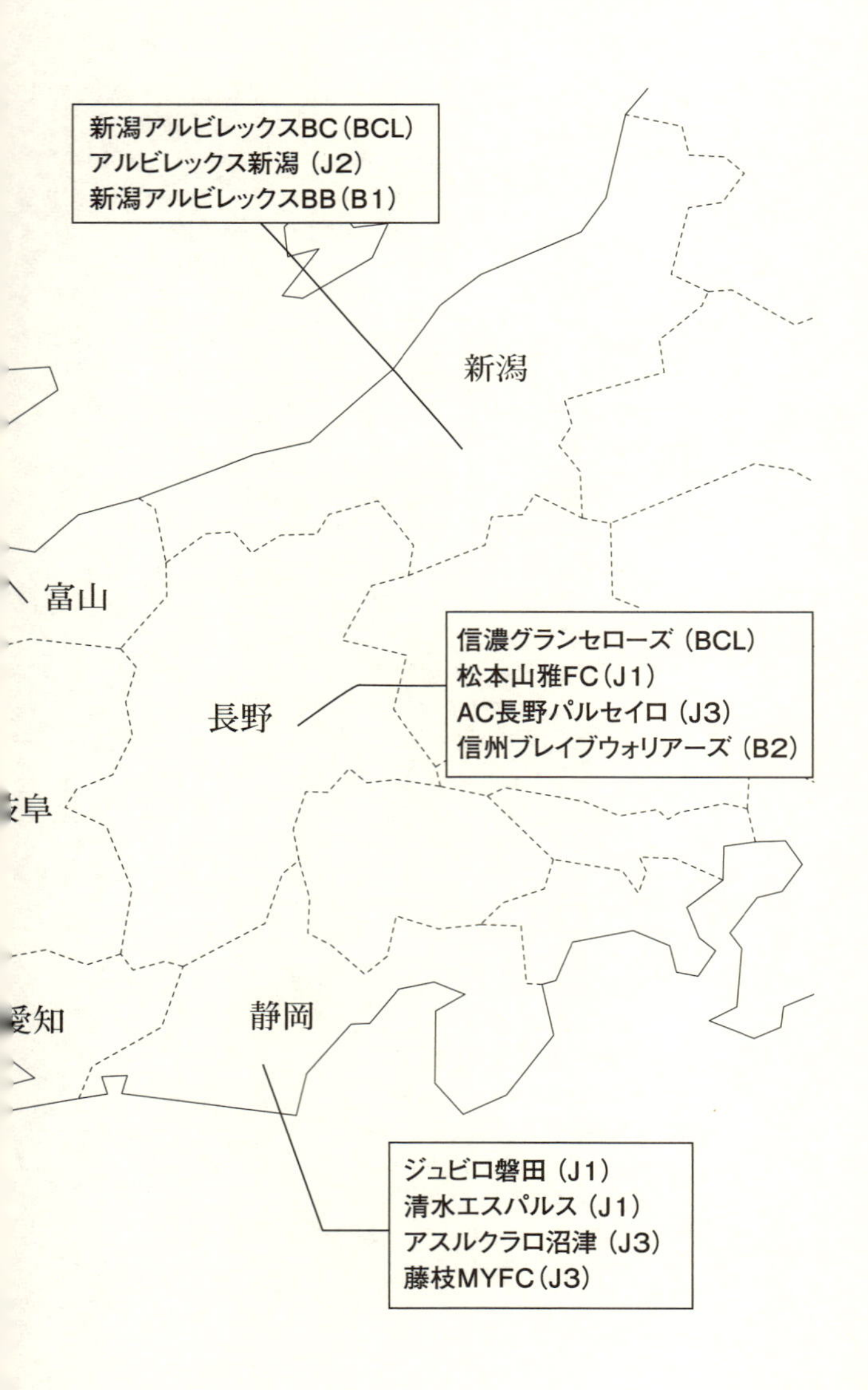

新潟アルビレックスBC（BCL）
アルビレックス新潟（J2）
新潟アルビレックスBB（B1）
新潟
富山
信濃グランセローズ（BCL）
松本山雅FC（J1）
AC長野パルセイロ（J3）
信州ブレイブウォリアーズ（B2）
長野
静岡
ジュビロ磐田（J1）
清水エスパルス（J1）
アスルクラロ沼津（J3）
藤枝MYFC（J3）

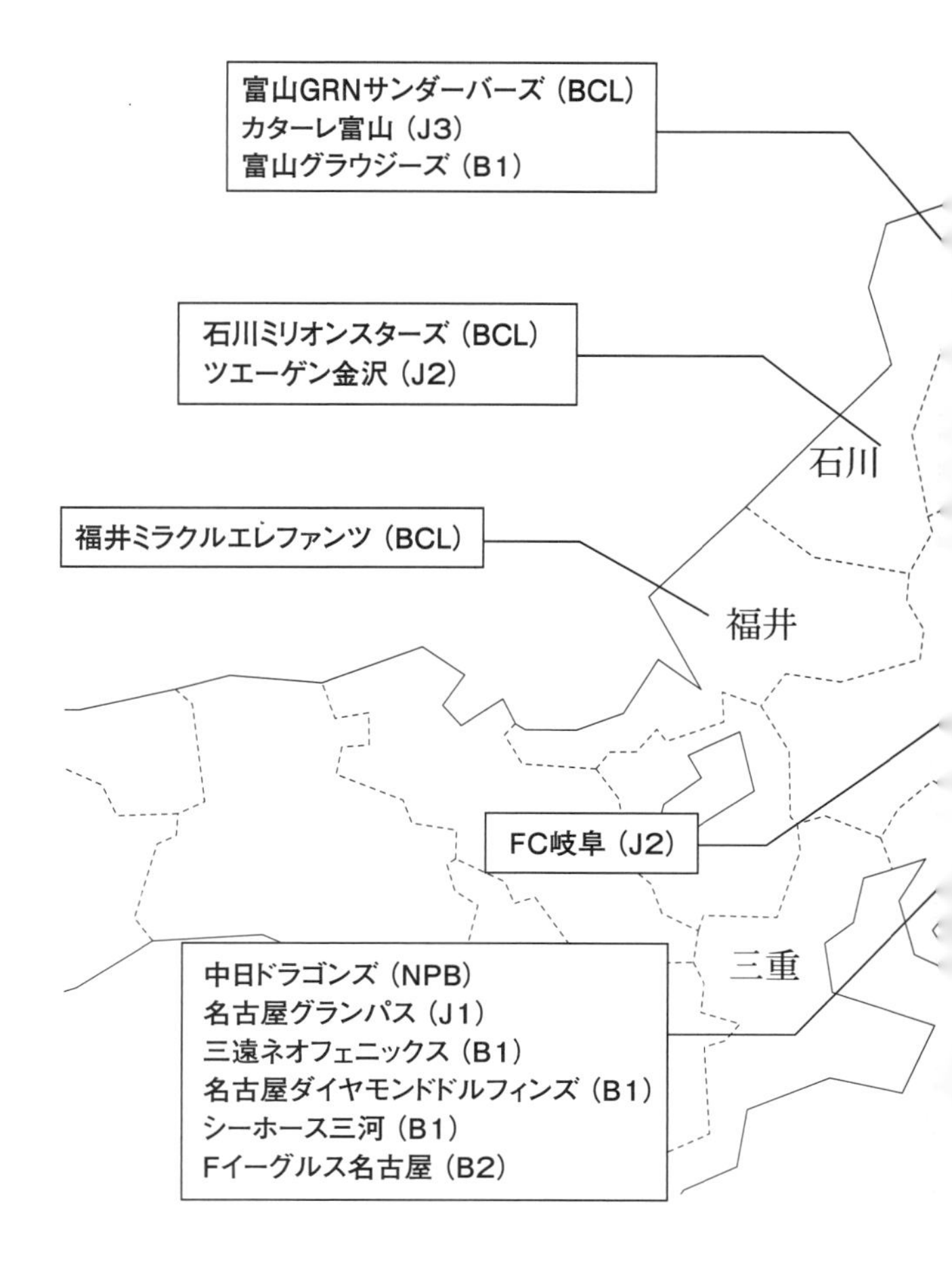
富山GRNサンダーバーズ（BCL）
カターレ富山（J3）
富山グラウジーズ（B1）
石川ミリオンスターズ（BCL）
ツエーゲン金沢（J2）
石川
福井ミラクルエレファンツ（BCL）
福井
FC岐阜（J2）
三重
中日ドラゴンズ（NPB）
名古屋グランパス（J1）
三遠ネオフェニックス（B1）
名古屋ダイヤモンドドルフィンズ（B1）
シーホース三河（B1）
Fイーグルス名古屋（B2）

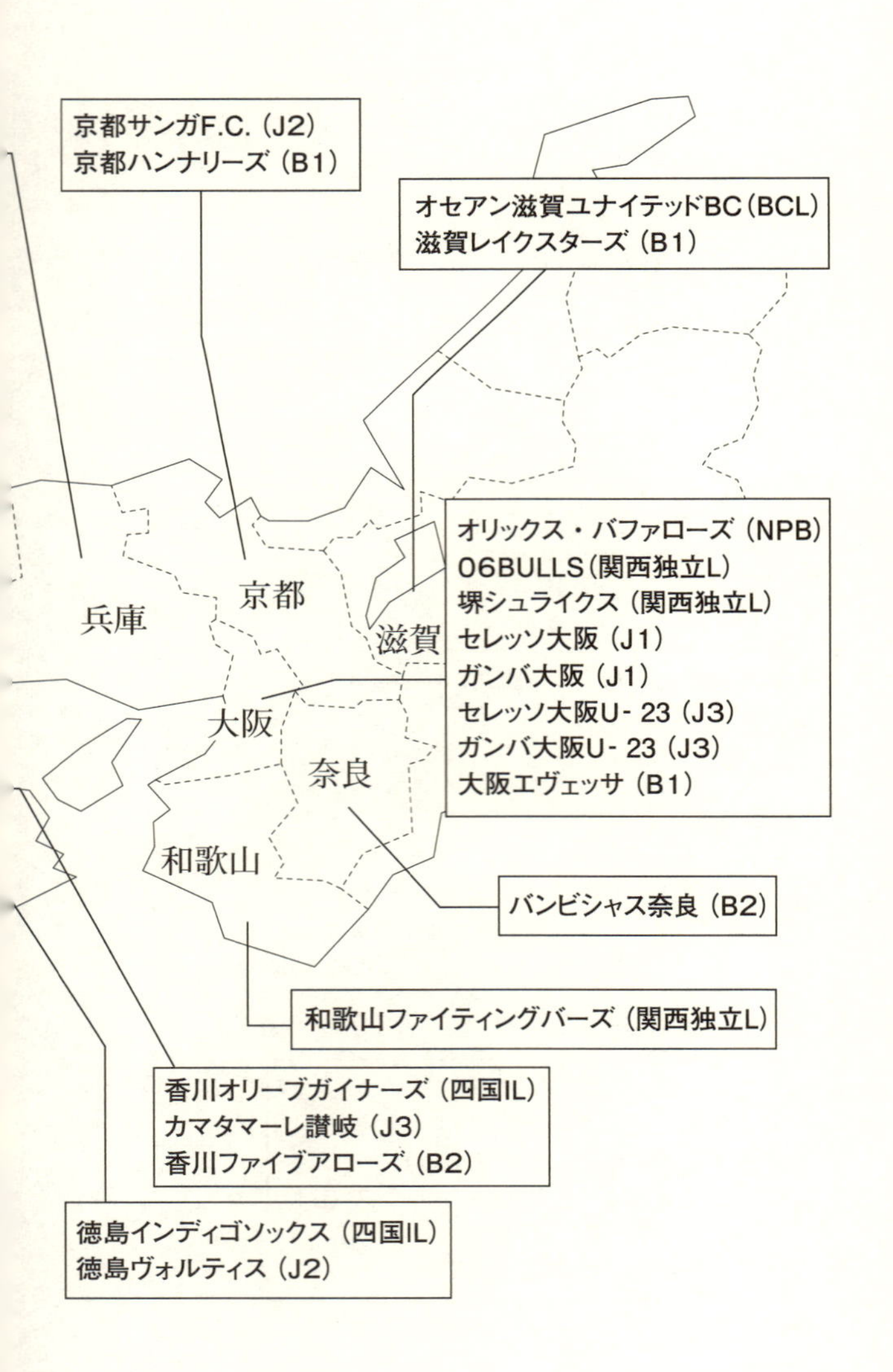
京都サンガF.C.（J2）
京都ハンナリーズ（B1）
オセアン滋賀ユナイテッドBC（BCL）
滋賀レイクスターズ（B1）
兵庫
京都
滋賀
大阪
奈良
和歌山
オリックス・バファローズ（NPB）
06BULLS（関西独立L）
堺シュライクス（関西独立L）
セレッソ大阪（J1）
ガンバ大阪（J1）
セレッソ大阪U-23（J3）
ガンバ大阪U-23（J3）
大阪エヴェッサ（B1）
バンビシャス奈良（B2）
和歌山ファイティングバーズ（関西独立L）
香川オリーブガイナーズ（四国IL）
カマタマーレ讃岐（J3）
香川ファイブアローズ（B2）
徳島インディゴソックス（四国IL）
徳島ヴォルティス（J2）

阪神タイガース（NPB）
兵庫ブルーサンダーズ（関西独立L）
ヴィッセル神戸（J1）
西宮ストークス（B2）
ファジアーノ岡山（J2）
島根スサノオマジック（B1）
ガイナーレ鳥取（J3
広島東洋カープ（NPB）
サンフレッチェ広島（J1）
広島ドラゴンフライズ（B2）
レノファ山口FC（J2）
鳥取
島根
岡山
広島
山口
香川
愛媛
徳
高知
愛媛マンダリンパイレーツ（四国IL）
愛媛FC（J2）
愛媛オレンジバイキングス（B2）
高知ファイティングドッグス（四国IL）

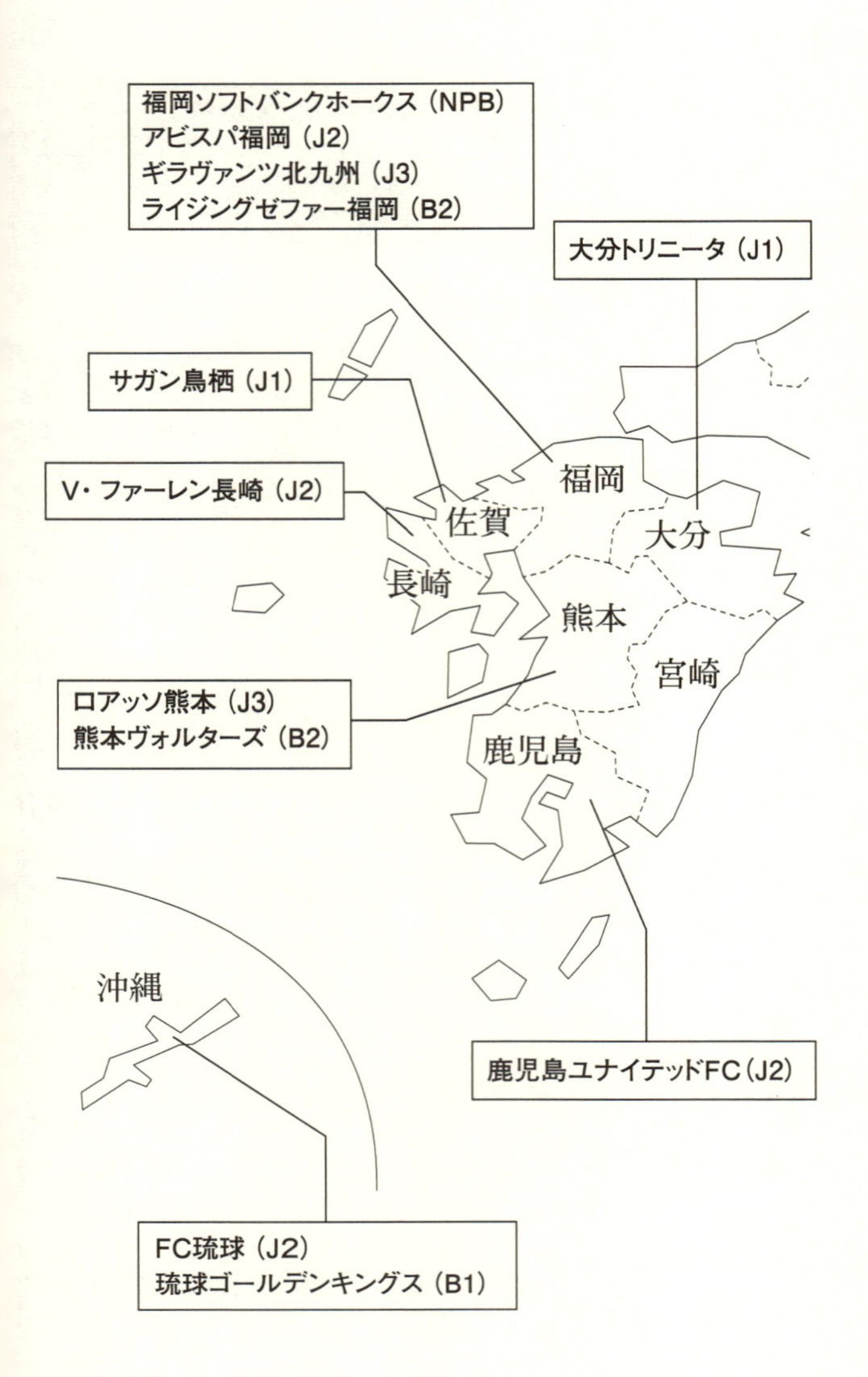
福岡ソフトバンクホークス（NPB）
アビスパ福岡（J2）
ギラヴァンツ北九州（J3）
ライジングゼファー福岡（B2）
大分トリニータ（J1）
サガン鳥栖（J1）
V・ファーレン長崎（J2）
福岡
佐賀
大分
長崎
熊本
宮崎
ロアッソ熊本（J3）
熊本ヴォルターズ（B2）
鹿児島
沖縄
鹿児島ユナイテッドFC（J2）
FC琉球（J2）
琉球ゴールデンキングス（B1）

序章　「東京一極集中」は何が問題なのか

政治、経済、文化における集中

政治、経済、文化の活動が東京に一極集中していることは、国民のほぼ全員が知っている事実である。スポーツに関しては次章以降で詳しく検討するので、ここでは政治、経済、文化の分野について検討しておこう。

政治については統計を用いて論じるまでもなく、国家としての活動に関しては、地方政治を除いて東京がその活動を独占しているといっても過言ではない。立法を司る衆議院と参議院が東京にあるし、行政府である政府、内閣、そして中央官庁のほとんども東京である。例外は京都に移りつつある文化庁と、一部を徳島に移した消費者庁だけだ。司法においても、最高裁判所と最高検察庁が東京にある。

経済については、いろいろな角度からの評価が必要である。まず人々の所得に注目すると、県民所得での評価が可能である。内閣府によると県民所得は2015（平成27）年度で東京都が72・69兆円、第2位が大阪府の27・64兆円なので、東京都は大阪府の2・63倍の大きさである。ちなみに全国計は405・37兆円なので、東京都が17・9％を占めている。きわめて小面積の東京都が日本全地域のおよそ18%の所得というのは、経済活動が飛び抜けて活発であることを示す。

ただ、東京都の人口が多いことも総所得を高めているのであるから、人口数で調整した１人あたり県民所得で評価する必要がある。

１人あたり県民所得だと、東京都は５３７・８万円となる。第2位は愛知県で３６７・７万円である。東京都は愛知県の１・４６倍となり、総所得のときの２・６３倍よりは、その優位性はかなり低下する。トヨタ自動車を中心にした運輸・機械工業の活発な経済活動の成果により、１人あたり所得では愛知県の豊かさが上昇するのである。ちなみに１人あたり県民所得の最下位は沖縄県の２１６・６万円であり、東京都はその２・４８倍の豊かさとなる。なお全国平均は３１９・０万円なので、東京都はその１・６９倍。いずれにせよ、東京都民は他府県の人よりかなり豊かな経済生活を送っていることになる。

ただ、これには留保がいくつかある。例えば、東京都は物価高なので、他府県と生活水準を比較するなら消費者物価指数をも考慮する必要がある。また、通勤時間がとても長いので余分な負担を強いられているとか、１世帯あたりの部屋数が少なく住居の家屋面積も狭い、といったこともある。本書は経済学の書物ではないし、本格的に生活水準や人々の満足度を論じるのが目的ではないので、課題の指摘だけにとどめておく。ここでは、東京に住む人々が日本でもっとも高い所得を稼いでいるといった認識だけで充分である。

なぜ東京都民がもっとも経済的に裕福なのか、その理由は比較的容易に説明できる。企業の生産活動とサービス提供活動が非常に活発だからである。生産性の高い企業が多いし、優秀な労働を提供する人が多くいれば、自然と高い所得を稼ぐ人の数が増加する。

それを理解する鍵は、東京都に本社を持っている上場企業が圧倒的に多いということである。上場企業は証券取引所に上場している企業であり、大企業が多いので生産性が高く、社員の給料は高い。上場企業は全国に3537社（2017〈平成29〉年）あるが、東京都はそのうち50％ほどの1752社を占めている。なぜ本社機能が大切かといえば、経営の中枢機能が本社に集中しているので、社長を筆頭にした役員、そして管理職が本社に多くいるのであり、それらの人の所得が高いのは自明である。さらに、重要な事業所もその近辺にあるので、そこに働く人の賃金も相対的に高くなる。

この他にもいくつか、東京の経済活動の絶対的な優位性を示す理由を補足的に説明しておこう。

第一に、上場企業の本社の約半数が東京都にあると述べたが、その中でも日本を代表する名門大企業の本社が目白押しである。「日本の経済は、霞が関、日本橋、大手町に囲まれた三角州の地域内で持つ」という言葉があるほどである。

第二に、サービス業（商業、金融、広告、マスコミなど）の中枢的業務が東京都にあることも大きい。例えば、広告業の売上高は東京都が60％前後に達しているし、大手金融・商社の活動も東京が中心である。新聞・テレビといった情報サービス企業の東京集中は言うまでもない（例えば新聞全国紙5社の本社、民放テレビのキー局もすべて東京にある）。

第三に、中央官庁がほとんど東京にあることの意味が大きい。多少の規制緩和は進んだが、今でも民間企業は官庁の顔色を見ながら業務を行っているのであり、こうした官民一体となった経済活動が東京を中心に動いていることが、東京都の地位を必然的に上げている。

第四に、往々にして見逃される事実であるが、日本の大学生の40％近くが東京圏（東京都、神奈川県、千葉県、埼玉県）で学んでいる。これは顕著な東京一極集中の例といっても過言ではない。東京圏以外の地方から学びにくる学生がとても多く、これらの人は卒業後に東京圏で働く人の予備軍になっているので、東京一極集中を助長しているとも理解できる。

最後に、人口数に注目して、東京の一極集中を理解しておこう。2015(平成27)年の国勢調査によると、東京都の人口は1351万5271人であり、日本の総人口1億2709万4745人に占める比率は10・6%である。これまで述べてきた経済的な指標(所得や本社数)などと比べて、それほどの優位ではない。むしろ人口に注目すれば、大学生数における東京圏の比率の高さのほうが、より意味が目立っている。

人口数であれば、むしろ東京圏に居住している人の多くが、東京の都心に通勤していることの意味が大きい。神奈川県の人口が912万6214人(7・2%)、埼玉県が726万6534人(5・7%)、千葉県が622万2666人(4・9%)であり、東京圏の人口が日本の総人口に占める比率は28・4%となる。およそ30%弱の人々が、地域としては狭い4都県に集中して居住しているのであり、これも、東京一極集中の一つの顔である。

東京一極集中を話題にするとき、東京都だけに限定するのか、あるいは東京圏を話題にするのか、重要な論点ではあるが、今後の分析に際しては、その両方を適宜用いるし、必要な場合には、東京都なのか東京圏なのかを明確にして議論する。

東京一極集中のメリット・デメリット

なぜ、これほどまでの東京一極集中が進んだのかを理解するには、そのメリットを考える必要がある。

第一に、経済のことに注目すれば、経済学でいう「集積のメリット」を指摘できる。モノやサービスの生産において、投入する際の資本と労働力の調達が容易である。多数の消費者が身近にいるので、販売のための輸送費や宣伝費が少なくて済む。これらは生産と販売における費用の節約を意味するので、効率性の確保という観点からメリットとなる。企業規模が大きくなるので、いわゆる「スケール・メリット」も享受できる。

第二に、生産と販売における関係者の多くが身近にいるので、すぐに会って交渉できるメリットがある。経済学からすると、情報の収集と交渉費用が低コストでなされることを意味しており、これもまた「集積のメリット」である。

第三に、日本に特有な事情として、これまでの企業活動は政府のアドバイスなり規制や保護の下で行われてきたので、政府機能と企業の本社が同じ地域にあれば両者間の接触と交渉が容易に行えたことがある。例を挙げれば、金融機関は「ＭＯＦ担」というエリート役職を設けて、監督官庁である旧・大蔵省（Ministry of Finance）と日常的に接触しながら、大蔵省と一心同体となって金融業務を行っていた。この制度はもう消滅したが、東京に大蔵省と金融機関の本社機能ないし管理部門の中枢があったので、容易に実行できる機会を与えていたのである。大蔵省のみならず他の官庁も、民間部門の監督業務を行っていた。

以上が東京一極集中のメリットであるが、その大半は、前述した「集積のメリット」で説明できる。経済効率の追求を重視して、日本の東京一極集中が進んだのである。

では、デメリットとして、どのようなものが考えられるだろうか。

第一に、すでに少し述べたことであるが、非常に多くの人口が狭い地域に集まるのであるから、交通、住居、環境などの分野で人々に苦痛を強いる生活となりうる。

第二に、経済活動が集中しているだけに、もし地震、大火災、原発被害など大規模な災害が発生すれば、経済活動が大打撃を受けて日本壊滅になりかねない可能性を秘めている。1923（大正12）年9月1日に関東大震災が発生して、首都東京は破壊されたのであるが、よく立ち直った。これを機に都市機能の改善策が図られ、人々の生活はむしろよくなったとする見方もある。しかし、今後は当時より数倍も大きい災害が発生することがありうるので、それに備えるための地方分散化も一つの政策となっている。

第三に、東京が情報の発信地（テレビ、新聞など）になると、東京で起こっていることを中心に情報が流され、地方にとっては無益な情報しか知らされないことがある。例を出せば、東京で1㎝の雪が積もれば、交通機関の乱れとか、誰がどれだけ転倒したか、などが全国ニュースのトップで流される。降雪が日常である北海道・東北・北陸の人にとっては、とるに足りないどうでもよいトップニュースに接しなければならない。

第四に、日本が格差社会に入ったという理解には多くの合意があるが、東京一極集中は、さまざまな格差のうち、中央と地方の格差の象徴となる。すでに見たように、所得の格差は顕著であるが、教育、医療、福祉といった国民生活に直接関係のある分野においての格差も、中央と地方の間で目立つようになっている。

効率性と公平（平等）性のトレードオフ

最後に述べたい点は、経済学における永遠のテーマ、すなわち経済効率性と公平（平等）性のトレードオフ関係である。

トレードオフとは、一方を立てればもう一方は犠牲にならざるをえない、という関係である。東京に経済活動を集中させれば、経済は活性化して効率性は高まるが、他方で中央と地方の格差が拡大し、分配の平等は犠牲となる。

経済学にも種々の学説なり主張があって、このトレードオフを信じる学派からすると、どちらによりウエイトを置くのか（すなわち、効率か平等か）が論じられる。例えば新古典派経済学、ないし市場原理主義の立場からすると経済効率をより重視するが、ケインズ経済学は公平（平等）をより重視する。一世を風靡（ふうび）したマルクス経済学は、公平（平等）性をもっとも重要な価値基準とみなした。

どういう経済体制、あるいは経済政策を採用するかは国民の総意で決まることであるが、東京の例は一つの論点を提供しているので、それを簡単に述べておきたい。

すでに述べたように、東京都民は活発な経済活動によって日本一の所得を保持している。その結果として多額の税収が東京都に入っており、さまざまな公共事業・投資が可能になっている。

この現状に対して、一部の政治家、あるいは地方政府は、東京から地方に税収の一部を移転することを主張している。この政策は現に実行されており、地方交付税として中央からの移転がなされているのである。

ところが、東京都の小池百合子知事はこの移転策を好まず、地方交付税の縮小を主張し、かつ東京都の税収移転に拒否反応を示している。小池知事の論拠は、東京都民が稼いで収めた税金は、東京都民の利益のために使われるべきとの思想である。

東京都の税収が多いのには、主として二つの理由がある。第一に、家計所得の高い人が多いので、累進所得税制の下では所得税収（都道府県税や市町村民税をも含めて）が増加する。第二に、すでにみたように東京都には企業、特に上場企業が非常に多いので、法人所得が多く、かつ地方税に関しても法人住民税と法人事業税の収入が巨額になる。

所得税と法人税という国税のみならず、東京都に入る地方税収入は非常に多額なので、唯一の黒字地方公共団体となっている。この黒字を理由に、赤字で悩む地方政府への移転がなされているのであるが、小池知事はこの移転策を拒否しようとしているのである。

小池知事の根拠のもう一つは、東京都は公共投資が巨額になるので、その財源を確保するために自分たちの潤沢な税収を使いたい、というものである。その典型が、2020年に東京を中心にして挙行されるオリンピック・パラリンピックに備えて、道路、地下鉄、住宅、スポーツ施設などの公共投資を拡大する必要がある、との主張だ。オリンピックにまつわる話題は次章で言及する。

地方に中央から税収を移転する策（日本では地方財政調整制度と称されることもある）は、中央と地方の格差是正を目的としたものなので、平等性の重視と考えてよい。東京都はさまざまな理由を理解して、今までは、経済効率性の欠如が理由で税収が少ない地方への税収移転を容認してきた。平等性を求める声に応じたと考えてよい。だが、小池知事の考えを採用すれば、自分たちの努力によって効率性が高く税収が多いのであるから、効率性の低い地方に税収を移転する必要などない、ということになる。地方は努力して生産性を上げて、自分のところで税収の確保に励め、と思っているのかもしれない。効率性と公平性（平等性）のせめぎあいが、中央と地方の間でも見られるのである。

第1章　「スポーツの中央集権」が生み出す功罪

1　2020年東京オリンピックこそ「悪しき中央集権」の象徴

オリンピックの企画と実施は国家ではなく、一つの都市がそれを行う慣習になっている。すなわち立候補と実行主体は一都市だけである。今回も東京都がそれを行ったのであり、国際オリンピック委員会（IOC）での開催地決定の際に「Japan」ではなく「Tokyo」と呼ばれたことを記憶している方は多いだろう。

オリンピック開催には巨額の資金が必要なだけに、財政豊かな巨大都市でしか開催されえない（ただし、国家が資金援助を行う場合も多い）。また、その国の首都で繰り返し開催されるケースが多く、パリ、ロンドン、東京などの例でそれがわかる。これらの首都を持つ国は一極集中が進んでおり、中央と地方の格差が大きいことも事実である。オリンピックがこれらの巨大都市＝首都で開催されれば、試合会場、住宅、道路などへの投資がなされるので、ますます中央と地方の格差拡大を助長することになる。したがって、本書全体のテーマとの関連で、「このような状態を続けていいのか」という問題意識を抱かざるをえない。それが、本章冒頭でオリンピックに関する諸問題を取り上げる理由である。

オリンピックの歴史と特色

よく知られているように、近代オリンピックは1896（明治29）年にギリシャの首都・アテネで第1回が開催された。このアマチュアの国際的スポーツ競技大会は、フランス人のピエール・ド・クーベルタン男爵の提唱と努力により実現したのである。第1回の開催地がアテネだったのは、古代ギリシャでいくつかのスポーツ競技が行われていたことに敬意を払うためだった。その後、4年に一度、世界各地で開催されるようになり、アスリートは参加に名誉を感じ、その一方で、金・銀・銅のメダルを獲得する競争が激しくなった。

運営はIOCによってなされ、各国の国内オリンピック委員会（日本であればJOC）が選手の派遣事業を行う。開催したい都市は立候補して、IOC総会で候補都市の中から委員の投票で決定される。国内委員会には各競技別（陸上、水泳、サッカー、体操など）の団体が加盟している。開催地の特色を述べると、世界各国の大都市（特に首都）というのが定番である。大都市であれば、各国の選手の宿泊先や競技場の準備が容易にできる。序章で「東京一極集中」は効率性の追求が最大のメリットと述べたが、オリンピックの開催地が大都市に限られているのは、この効率性に期待できるから、と結論づけてよい。なお、ここでは雪や氷が必要な冬季オリンピックではなく、いろいろな競技が行われ、規模の大きい夏季オリンピックに限定する。

表1－1は、第1回のアテネから34回のロサンゼルス（2028年に開催予定）までの開催都市と国名を示したものである。首都は中止を除く31回中のべ20都市である。なお、開催国の首都でありながら開催地になっていないのはアメリカ（ワシントンDC）、ブラジル（ブラジリア）、オーストラリア（キャンベラ）、西ドイツ（当時。ボン）、カナダ（オタワ）などで、首都が小都市だからである。アメリカであればセントルイス、ロサンゼルス、ブラジルであればリオデジャネイロ、オーストラリアであればメルボルン、シドニー、西ドイツであればミュンヘンなど、首都を上回る規模の都市で開催されている。首都が大都市（ブリュッセル、マドリード）でありながら、他の大都市で開催されたのは、ベルギーのアントワープ、スペインのバルセロナのみである。

表1－1　オリンピック夏季大会開催地

回数	開催年	開催地	開催国	参加国・地域数
1	1896	アテネ	ギリシャ	14
2	1900	パリ	フランス	19
3	1904	セントルイス	アメリカ	13
4	1908	ロンドン	イギリス	22
5	1912	ストックホルム	スウェーデン	28
7	1920	アントワープ	ベルギー	29
8	1924	パリ	フランス	44
9	1928	アムステルダム	オランダ	46
10	1932	ロサンゼルス	アメリカ	37
11	1936	ベルリン	ドイツ	49
14	1948	ロンドン	イギリス	59
15	1952	ヘルシンキ	フィンランド	69
16	1956	メルボルン（馬術競技以外）	オーストラリア	67
		ストックホルム（馬術競技）	スウェーデン	29
17	1960	ローマ	イタリア	83
18	1964	東京	日本	93
19	1968	メキシコシティ	メキシコ	112
20	1972	ミュンヘン	西ドイツ	123
21	1976	モントリオール	カナダ	92
22	1980	モスクワ	ソ連	80
23	1984	ロサンゼルス	アメリカ	140
24	1988	ソウル	韓国	159
25	1992	バルセロナ	スペイン	169
26	1996	アトランタ	アメリカ	197
27	2000	シドニー	オーストラリア	197
28	2004	アテネ	ギリシャ	202
29	2008	北京	中国	204
30	2012	ロンドン	イギリス	204
31	2016	リオデジャネイロ	ブラジル	205
32	2020	東京	日本	
33	2024	パリ	フランス	
34	2028	ロサンゼルス	アメリカ	

◎第6回（1916年・ベルリン）は第1次世界大戦により、第12回（1940年・東京→ヘルシンキ）、第13回（1944年・ロンドン）は第2次世界大戦により中止。

（出所）JOC HP

大都市の首都で開催されるケースが圧倒的に多いのは、首都は政治の中心なので、オリンピック開催に際して政治・経済・スポーツの中央集権のメリットをそのまま享受でき、財政的な支援を受けやすいからである。オリンピックの開催費用には国費が投入されるケースが多いし、各種スポーツ団体の組織も首都に存在しているのが普通である。

これらのことは、日本の首都・東京を考えればもっともわかりやすい。政府と官庁は東京にあり、オリンピックへの補助金支出も内閣で検討した上で、国会で決められている。各種の競技場設備も東京に多いし、新設する場合も、事後利用の際に観衆の確保が容易である。外国からやってくる観戦者にとっても、ホテルが多いので問題はない。テレビのキー局は全部東京にあるので、テレビ放送にも支障は少ない。

日本は東京以外にも、名古屋（1988〈昭和63〉年大会）と大阪（2008〈平成20〉年大会）が開催地として立候補した経験があるが、惜敗とは言えず、惨敗に近かった。地方都市が開催できるのかという危惧、東京の中央政府からの支持が弱かった、他国の大都市で有力な候補があった、などの理由が挙げられる。それに対して、東京は1964〈昭和39〉年に次いで二度目の開催となる。日本と同様、中央集権国家の典型であるイギリスとフランスは、首都のロンドンとパリでそれぞれ3回（ただしパリは2024年の開催予定を含む）開催している。

また、これまでの開催地を見ると、ヨーロッパと北米が多い。オーストラリアのメルボルンとシドニーは欧米諸国に近いとみなせる。文明がもっとも進んだのは欧米であるし、スポーツのみならず多くの活動分野においてこれらの国が最先端にいるからである。比較的治安がよいことも手助けしている。それ以外の地域で最初に開催されたのは1964年の東京であるし、他国に注目すれば、メキシコのメキシコシティ、韓国のソウル、中国の北京（ペキン）、ブラジルのリオデジャネイロだけにすぎない。これらの国は経済発展のある程度進んだ国と理解できる。ちなみに、まだアフリカ諸国や中東諸国での開催はない。

以上をまとめると、オリンピックの開催地は経済の豊かな国の大都市に限定される。そして、首都規模が大きければ首都での開催が普通であり、首都の規模の小さな国では国内の他の大都市ということになる。なぜかといえば、効率性の確保にとって好都合だからである。

オリンピック懐疑論

世界の大都市で開催されてきたオリンピックには多くの人の目が注がれ（競技場で直接観戦する人とテレビを観る人の双方）、おおよそスポーツ競技大会としては成功してきたが、いくつかの問題点も浮き彫りになった。これに関しては、小川（2012、16）が詳しい。これらを参考にしながら自説を披露してみたい。

まず指摘するべきなのは、開催費用がかかりすぎるため、開催都市のみならず、それを背後から支援する国家の財政負担が巨額になることだ。運営費のみならず、開催会場の新設と改修にかかる費用、選手と観衆が支障なく会場に到着できるようにするための道路や鉄道の新設費用、選手の宿舎を新設するならその費用、警備費、実行にあたる人々の人件費などさまざまである。

前回の東京オリンピックの場合には、首都高速道路などの道路建設（約1753億円）、東海道新幹線の建設（3800億円）、地下鉄建設（約1895億円）、上下水道（約725億円）など、当時としては巨額の費用がかかったが、これらの設備はオリンピック後の国民生活の向上に大いに寄与したので、決して無駄な支出ではなかった。むしろ、オリンピックの開催というイベントを機にして大胆な公共投資に向かわせたことが、国民が利益を得ることにつながったと理解できる。このような大きな機会がなければ、東京都、国家、国鉄（現・JR）などが大規模投資を決心しなかったかもしれないからである。ただし、新幹線は東京・大阪間の開通だったので、国民のかなりの割合の人がベネフィット（恩恵）を受けたが、道路建設や地下鉄建設、上下水道などの設備は東京都民、あるいは東京圏に住む人のベネフィットにすぎなかった。これらに国民の税収を投入してよかったのか、という疑問は残る。

他にも東京オリンピックでは、各種のスポーツ施設（国立競技場の改修、代々木体育館、日本武道館、戸田漕艇場、朝霞（あさか）射撃場の整備、駒沢オリンピック公園総合運動場の建設など）が建設・改修された。主として国費による建造であったが、まだ日本に国際的に通用するスポーツ施設の乏しかった時期に、これらの施設ができてその後のスポーツ活動に資した点は評価してよい。ただし、なぜそれらがほとんど東京にあらねばならないのか、という疑問が多少は残る。

2020（令和2）年の東京オリンピックでは、目玉は新国立競技場の建設で、1645億円ほどかかる。国、東京都、スポーツ振興くじ（toto）を運営する日本スポーツ振興センター（JSC）の負担で、国費が約半分である。他にも、東京アクアティクスセンター、有明アリーナ、海の森水上競技場などの建設に、1080億円ほどかかる。これら三つの施設の建設はすべて東京都の負担なので、都民税が出所となる。建設費用の負担を東京都としたのは、オリンピック後に施設を利用するのは主として都民であるだろう、との予想に依拠している。東京都民だけに恵まれた施設利用の機会が開かれるとの批判もあるかもしれないし、一方で、都民の税金で負担しているのだから何が悪い、という開き直りの反論があるかもしれない。

以上をまとめれば、オリンピック開催のためには、国家、そして日本なら東京都民の税金負担が大きくなることは避けられない。この負担を、もっと国民生活の実質的な利益となる分野に支出すべしとの声は当然ある。さらに、スポーツ施設の利用などにおける一番の受益者は東京都民なのに、なぜ国家が補助せねばならないのか、といった批判もありうる。これらは後に詳しく検討する。

国民、特に開催都市の負担が巨額になるのを嫌って、いくつかの大都市では立候補を取りやめたケースがある。小川（２０１６）によれば、２０１３年にアメリカのデトロイト、２０１５年にアメリカのボストン、同じくドイツのハンブルクが立候補を取りやめたとされる。財政負担が大きくなることに市民の理解が得られないであろう、という市側の判断に加えて、ハンブルクの場合、１９７２年のミュンヘンオリンピックでのテロ事件の経験があるだけに、移民問題で揺れているドイツにおいて、再びテロ事件が発生することを恐れての取りやめであった。

開催地では、競技施設を多額の費用をかけて建設したが、オリンピックが終了すると施設が使われず無駄になることがある。代表例は、冬季オリンピックのボブスレーやリュージュ競技場である。維持費がかかる上、利用もほとんどないとなれば、建設費用は無駄であったということになりかねない。１９９８（平成10）年長野冬季オリンピックのボブスレー・リュージュ会場は休止に至った。

プロ化するオリンピック

もともとはアマチュアスポーツの大会であったオリンピックに、次第に商業化が浸透するようになった。そして、プロ選手がオリンピックに参加し、民間企業がスポンサーとして入ってきたことによりそれは一段と加速して、種々の弊害が指摘されるようになった。

プロ選手の参加を促した一つの要因は、国別のメダル争いが熾烈(しれつ)になったのに対応して、メダルを多く獲得したい国が率先してプロ選手を国家代表の選手として招聘(しょうへい)した経緯がある。これは、金メダルをいくつ獲得したかが国家の威信の象徴となってしまったことが背景にある。一方で、プロ選手がオリンピックに参加するようになったことにより、アマチュア選手同士よりも一段と高い水準の競技を、広く多くの人が観戦できるようになったことのメリットは認めなくてはならない。

かつて旧社会主義国のソ連や東欧諸国で、一流のアスリートをステート・アマ（国家の資金でアスリートを養成し、格別の訓練を施す制度）として養成した例は有名である。これらの選手はプロ選手に近い姿にあったとも理解してよい。そしてオリンピックでメダルを獲得すれば、かなり大きな額の報奨金を政府から受け取れる制度になっていた。これは姿を変えたプロ選手の一つの顔である。こういうステート・アマが競技において強くなるのは当然であった。

その代表がソ連のバスケットチームである。オリンピックで、ソ連はバスケット発祥国のアメリカに二度勝利し、金メダルを獲得していた。当時、米ソの政治や軍事を巡る覇権争いは熾烈だったので、バスケットでソ連に敗れたのはアメリカにとって不名誉なことであった。

その後、オリンピック競技の商業価値をもっと高いものにせんがため、当時のＩＯＣ会長ファン・アントニオ・サマランチがプロ選手の参加を可能にする方針を推進した。そして、１９９２年のバルセロナオリンピックに、全米プロバスケットボール協会（ＮＢＡ）に所属する世界のトッププロ選手が参加するようになったのである。マジック・ジョンソン、ラリー・バード、マイケル・ジョーダンといった大スターが参加したアメリカチームは、軽々と金メダルを獲得した。これはアメリカの国威発揚に役立ったし、バスケットボールの人気に拍車をかけるという副産物もあった。

その後、テニス、サッカーなどでもプロ選手の参加が認められるようになり、今では各種のオリンピック競技にプロ選手が参加している。当初は、人々の間でプロ選手の参加に抵抗感があったが、今では最高レベルの競技が観戦できるというメリットに共感して、大きな抵抗感はないように見える。プロ選手はプロリーグの収入で経済的に大きく潤い、オリンピックでのメダル獲得によって名誉を得るという、一挙両得の利益を享受できるようになったのである。

プロ選手の参加は、うまく制度が機能すれば、それを継続してもよいと筆者は判断する。ただし、旧社会主義国がステート・アマに報奨金を出したようなことをせず、あくまでもメダルという名誉の授与だけに限定してほしい。バルセロナオリンピックにおけるアメリカのプロバスケットボールのスター選手には、質素な選手村を避けて、一流ホテルに宿泊したことへの批判があった。ただし、この宿泊費をプロバスケットボール協会か、選手個人が負担するのであればそれは容認されてよい。

もっとも、日本を含めて多くの国のスポーツ団体が、オリンピックでのメダル獲得者には、いくらかの報奨金を授与する時代になっているのが現実である。巨額の報奨金でない限り、支払い自体を協会がするのも容認の方向にあると理解してよい。

さらに強まる商業主義

オリンピックにおける商業主義のはじまりは、スポンサー企業の登場であり、１９８４年のロサンゼルス大会からスポンサー契約が一般化するようになった。有名なビジネスマンであったピーター・ユベロスが大会組織委員長になり、商業主義を一段と加速させた。一つは企業のスポンサー契約、もう一つは高額なテレビ放映権料を設定して、収入を確保したのである。

まず企業のスポンサー契約について述べてみよう。もともとは一業種一社の原則であったがそれが撤廃され、大会組織委員会と契約し、高い契約料（高いもので１５０億円とされる）を払って、さまざまな活動を行えるようにするのである。例えば、オリンピックに協賛していることを公言できる、ロゴやエンブレムを使用できる、大会会場における宣伝活動ができる、商品を会場で販売できる……といったように、各種のビジネス活動が可能となる。スポンサー契約にもいろいろな種類があって、それぞれ契約料が異なるし、コミットできる活動にも差があるが、詳細には立ち入らない。

スポンサーになっているのは、世界的なビジネスを行っている企業である。組織委のメリットとしては、運営費やその他の費用のうちおよそ20％から25％もカバーできるし、企業側も、効果のある広告・宣伝費とみなせる。消費者に対しては、オリンピックに協賛しているというよいイメージを与えることができる。

そして商業主義の極め付けは、テレビ局がＩＯＣに支払う放映権料である。前述のロサンゼルス大会において、アメリカ四大ネットワークに競合させて、ＡＢＣがおよそ４５０億円で落札し、組織委は莫大な資金を獲得した。これを機に、どの大会においてもテレビの放映権料は非常に高くなり、大会運営費のおよそ40～50％を占める場合も生じた。もともとより競技の入場料金がもっとも重要な資金ソースであるが、テレビ放映権料もかなり大きい収入源なのである。

そして、各国の放送局の中でアメリカのテレビ局がもっとも高い放映権料を払うことから、アメリカのテレビ局、あるいはアメリカの視聴者の意向が、大会運営に強く反映されるという事態を招いた。アメリカ時間のプライムタイム（多くの視聴者がテレビを観る時間帯。平日の午後7時~午後11時、休日の昼間と夜間）に競技の時間を合わせるように求められ、時差のある国の開催地では、午前中に決勝戦や人気競技を行わねばならなくなったのである。例えば、２００８年北京オリンピックの水泳決勝は、アメリカの視聴者のために開催地の午前に挙行された。２０２０（令和２）年の東京でも、いくつかの競技で同様の時間設定がなされることが、すでに発表されている。

選手に最高のコンディションを準備させるには、朝起きてすぐの午前よりも、準備運動や心構えを整えられる午後のほうが適しているのは明らかであるが、現実は、選手にとって最適の条件下で競わせるのではなく、アメリカのテレビ局の要望に合わせるという不合理が横行するようになった。結局は、資金を多く拠出してくれる企業の都合を優先すると理解できるので、これも商業主義のなせる業とみなしてよいと思う。

先ほどの北京オリンピックの競技時間帯に関しては、中国や日本のテレビ局がアメリカのそれよりも高い放映権料を払えれば、アメリカのテレビ局の言いなりにはならなかっただろう。ロサンゼルスオリンピックの時代ほどアメリカのテレビ局が資金源を独り占めしていない今日であるが、近い将来に中国の国内総生産（ＧＤＰ）がアメリカのＧＤＰを凌（りょう）

駕するようになれば、また異なる現象が発生するかもしれない。

また、アメリカをはじめ世界のテレビ局は、高い放映権料を払えるようにするために、民間放送局であれば多くのＣＭを企業から提供してもらわねばならず、ここでも、商業主義のもう一つの顔が見られる。

国威発揚のメダル獲得競争

最後に、オリンピック懐疑論として、メダル獲得競争が熾烈になっていることにより、オリンピック本来の目的が脇に追いやられている点を指摘しておこう。国別のメダル獲得競争は激烈さを増しており、国家が威信をかけて優秀な選手を育てようと必死になっている。

まず二つの表によって、国別のオリンピック・メダル獲得数を知っておこう。

表１－２は、これまでのオリンピック夏季大会において、何個のメダル（金、銀、銅の合計）を獲得したかを、金メダル獲得数上位20カ国について示し、59ページの表１－３は、２０１６年のリオデジャネイロ大会での上位20カ国を示したものである。

表1-2　オリンピック国別メダル獲得数ランキング

（2016年時点）

順位	国	金	銀	銅	総数
1位	アメリカ	1016	796	703	2515
2位	ソ連	440	357	325	1122
3位	イギリス	265	297	291	853
4位	ドイツ	248	280	306	1140
5位	中国	227	162	154	543
6位	フランス	213	240	260	713
7位	イタリア	206	179	194	579
8位	ハンガリー	175	147	168	490
9位	東ドイツ	153	129	127	409
10位	ロシア	152	144	166	462
11位	オーストラリア	149	171	232	552
12位	スウェーデン	146	170	178	494
13位	日本	142	134	163	439
14位	フィンランド	100	82	117	299
15位	ルーマニア	89	95	122	306
16位	オランダ	86	92	109	287
17位	韓国	84	78	83	245
18位	キューバ	77	67	70	214
19位	ポーランド	66	85	131	282
20位	カナダ	63	101	134	298

（出所）『The Official History of the Olympic Games and the IOC』、
ＪＯＣ ＨＰなどより作成

なお、これらの表を評価するに際して、いくつかの留意がある。一つの国がいくつかの国に分裂したケースや、逆に、いくつかの国が合併して一つの国になったものがある。特に前者が重要で、表１－２で第２位であるソビエト連邦（ソ連）は、１９９１年に連邦を解消して、ロシア、ウクライナ、アゼルバイジャン、カザフスタンなど、およそ15カ国の独立国家に分離した。一方、1990年に旧西ドイツと旧東ドイツが統一して、一つのドイツという国になった。

これらの事実を念頭に置きながら、国別ランキングの評価をしておこう。

第一に、アメリカがメダル獲得数でトップであるが、1991年までのソ連に注目すると、アメリカに肉薄した第2位であった。もしソ連が分裂せずに現在まで続いていたなら、獲得数は、もっとアメリカの水準に近かったであろう。

米ソの冷戦が続いたのは1990年ごろまでであった。この時代に米ソの二大強国は、政治、軍事、経済、宇宙、科学などあらゆる分野において覇権を争っていたが、スポーツも例外ではなかった。オリンピックのメダル獲得数がその象徴の一つである。ソ連では国家が資金を拠出して、有能な運動選手を教育、訓練し、優れた選手を多く輩出した。前述したステート・アマである。これは、ハンガリー、東ドイツ、ルーマニア、キューバ（今でも社会主義国）、ポーランドといった旧社会主義国でも同様であった。リオデジャネイロ大会で第3位にいる中国も、社会主義国特有の国威発揚のためオリンピックのメダリストを養成している。

表1-3　リオデジャネイロ大会 メダル国別ランキング

順位	国	金	銀	銅	総数
1位	アメリカ	46	37	38	121
2位	イギリス	27	23	17	67
3位	中国	26	18	26	70
4位	ロシア	19	18	19	56
5位	ドイツ	17	10	15	42
6位	日本	12	8	21	41
7位	フランス	10	18	14	42
8位	韓国	9	3	9	21
9位	イタリア	8	12	8	28
10位	オーストラリア	8	11	10	29
11位	オランダ	8	7	4	19
12位	ハンガリー	8	3	4	15
13位	ブラジル	7	6	6	19
14位	スペイン	7	4	6	17
15位	ケニア	6	6	1	13
16位	ジャマイカ	6	3	2	11
17位	クロアチア	5	3	2	10
18位	キューバ	5	2	4	11
19位	ニュージーランド	4	9	5	18
20位	カナダ	4	3	15	22

(出所)JOC HP

一方のアメリカは、プロスポーツ選手がオリンピックに参加できるようになる以前においても、第一級の選手を生み出すために各競技団体が努力を重ねていた。そこには、「ソ連には負けたくない」とのアメリカ国家と国民の思いが背後で働いていた。アメリカには、国家の直接の役割として財政面でスポーツ選手を支援するという伝統はなかったが、民間部門がそれに励んだのである。そしてプロ選手がオリンピックに参加できるようになると、それはアメリカを利することになった。

第二に、二つの表に登場したメダル獲得上位国は、その多くが経済力の強い（単純に言えばＧＤＰなど）国であることがわかる。国民の生活が豊かであるからこそ、スポーツに興じることが可能なのである。もっとも、貧しい国の人であっても、特別に運動能力に優れている人はいるわけで、そういう人は自主的に訓練に励んで、メダルを獲得する場合もある。また、国威発揚という目的で国家がそういった選手を特別に訓練することもある。代表例として、１９６０年のローマと１９６４（昭和39）年東京オリンピックのマラソンで金メダルを取った、エチオピアのアベベ選手を挙げておこう。この第二の点を素直に評価するためには、各国の１人あたりＧＤＰを経済力の強さの基準にするのが望ましいが、本書ではそこまでの作業はしない。

第三に、国の経済力の強さに加えて、その国の人口の多さも貢献する。人口の多い国ほど潜在能力の高い人が多くいるのは当然である。

以上の三点を踏まえると、経済力の強さプラス人口の多さ、そして国威発揚という目的が加わって、オリンピックにおけるメダル獲得競争が激しくなり、今でもその様相は強い。新聞やテレビなどのメディアも各国別のメダル獲得数を報道して、競争を煽(あお)っている。国民の側もなんとなく愛国心をくすぐられるので、メダル獲得競争に悪乗りしてしまうのである。

ＩＯＣもこのようなメダル獲得競争は行き過ぎと判断して、表彰式において国旗の掲揚と国歌の演奏を取りやめる案をかつて提案した、と前出の小川（２０１６）で紹介されている。しかし当時の社会主義国が、国威発揚の手段として、それをやめることに反対したのである。

筆者も愛国心の尊さを完全に否定するつもりはないし、ある程度のメダル獲得競争がオリンピック、ひいてはスポーツ全般の繁栄に貢献している側面があるので、競争を全面排除すべしとまでは主張しない。ただし、次のことはいえるであろう。それは、国家が税金を投入して有望選手に訓練を施してまで、メダル獲得を目指すのは行き過ぎであるということだ。各競技団体の自主的な発想と運営によって有望選手の訓練を行うというのが望ましい政策であると思われる。税金の投入は、旧社会主義国が行っていたステート・アマの養成策と、姿は異なれど同じ発想に近いと判断されるからである。ただし、選手が競技を行ったり、修練の場として用いたりする競技場や体育館の建設に国家が税金を投入することに反対はしない。これは、オリンピックに出るような強い選手ばかりではなく、アマチュアを含めた普通のスポーツ選手もその場を利用できるからである。

オリンピックの開催は一つの都市だけでなく地方分散方式へ

オリンピックに関する功罪をいろいろ論じてきたが、ここで、筆者が望ましい姿だと考えるオリンピック開催方式を提唱してみたい。ＩＯＣ関係者ではなく、しかもスポーツ行政に関与したこともない素人に大それた改革案を出す資格などないが、スポーツ関係者の方に多少なりとも参考になれば、といった思いである。

結論を先に述べれば、オリンピックの開催を一都市に委ねる慣習を大胆に変更し、開催国の主催のもとに、国内の数多くの都市で競技を行うという案である。わかりやすい例を示せば、オリンピックと同じく4年ごとの開催であるサッカーのワールドカップのように、政府保証によって国が主体で開催し、競技をその国の各都市で行う方式である。具体的には、オリンピックの招致は国の責任でなされるが、競技の開催は種目別にその国の各都市で行うのである。日本を例にすれば、陸上は東京、水泳は大阪、体操は札幌、バレーボールは福岡、というように各都市で行う。オリンピックの競技数はほぼ30前後なので、各都市が1種目の開催でもいいし、余裕のある都市は複数の開催でもよい。

この各都市での開催方式には、次のようなメリットがある。

これまでのような一都市でほとんどの種目を開催する方式だと、あまりにもその都市の負担が大きすぎることになるのは明らかである。競技場、宿泊施設、交通網などの負担が大きく、今や一都市の負担だけではやっていけない現状にある。

オリンピックの初期のころは、種目数と参加選手の数がそう多くなかったので、一つの都市でも開催できた。しかし、今や規模が大きくなりすぎて開催都市だけでは無理が多すぎる。したがって、競技を各地に分散するのである。これだと従来の開催都市の過重負担はかなり緩和される。

従来の開催都市には、国家からかなりの補助金が投入されていた。その補助金による競技場、宿泊施設や交通、道路網の整備は、オリンピック後は、開催都市の住民のみの利益となっていた。一都市だけに過剰な国家予算の投入がなされることは、他の都市からすると不平等と思われる可能性が高い。しかも費用負担はその都市の住民だけでなく、国民の全員である。この不公平はできるだけ避けたほうが望ましい。

分散開催になれば、各都市で競技場、宿泊施設、交通網、道路の整備がなされるので、国家による補助金の使途が多くの都市に波及することになり、一都市だけへの投入という不公平をなくすことができる。さらに、各都市には選手のみならず、観客などが集まるので、その都市の経済活性化に寄与することにつながるのである。

２００２（平成14）年のサッカーワールドカップの日韓共催大会では、日本の各都市で競技が行われた。その後に、各地域でサッカー熱が高まったことを思い出してほしい。２０１９（令和元）年のラグビーワールドカップも、日本各地で開催されることになっており、それぞれの地域でラグビー熱が高まっている。

サッカーやラグビーのワールドカップは、同じ種目を同じ時期に各都市で開催するものであるが、オリンピックの分散開催は、一つの種目、あるいはいくつかの種目の全部を、各都市で別個に行うというものである。これによって、現代のオリンピックが抱える数々の難題がかなり解決すると予想できるが、いかがであろうか。

2　東京集中の象徴、箱根駅伝競走の功罪

「箱根駅伝」とは

スポーツに少しでも関心のある人であれば、正月の2日と3日の2日間にわたって、駅伝競技が行われていることを知っている。「東京箱根間往復大学駅伝競走」という長い名前であるが、通称は「箱根駅伝」である。全国のテレビ局（日本テレビ系列）で放映されているし、その視聴率も格段に高く、正月恒例の国民的行事にすらなっている。

東京・大手町の読売新聞東京本社前から箱根の芦ノ湖(あしのこ)まで、大学の長距離陸上選手が10区間（1人20㎞ほど）をタスキを渡しながら往復する競技であるが、参加する大学は、関東学生陸上競技連盟（関東学連）に加盟している大学に限られている。ある有名人が「箱根駅伝のテレビ実況に出てくる大学に、関西の大学がないのはおかしい」と発言して話題

になったことがあるが、関東の大学のみが参加できるのである。

野球は東京六大学野球、東都大学野球、関西学生野球、北東北大学野球など、各地域別にリーグ戦を行っているし、サッカー、ラグビーなどあらゆるスポーツが地域別でリーグ戦を行っている。「箱根駅伝」も、こういった地域別連盟（この場合は関東学連）によって実行されている大会であり、東京六大学、東都大学などの野球リーグと同じ特色を有しているのであるが、駅伝だけは、後に明らかにするように、この一地域大会に特殊な地位が与えられているのである。

野球、サッカー、ラグビーなどでは、各地域の代表大学が集って競う全国大学選手権がある。この全国大学選手権に出場する大学は、各地域のリーグで優秀な成績を収めた大学であり、そこで日本一の大学を決定する制度となっている。大学駅伝競技にも、出雲大社からスタートする「出雲駅伝」や、熱田神宮〜伊勢神宮の伊勢路を走る「全日本大学駅伝」といった全国選手権があるが、野球、サッカー、ラグビーほど関心は高くない。「箱根駅伝」だけが関心の高さを呼んでいるのである。

なぜ「箱根駅伝」という地域限定の大学駅伝が、沿道に集まる人々の多さやテレビ視聴率の高さで示されるように、異様に高い人気を博しているのか。

まずは、全国テレビネットによる中継放送が大きく影響している。また、ここで走った選手の中で卒業後に有名なマラソン選手になった人がいることも盛んに喧伝(けんでん)される（一方で、「箱根駅伝」のランナーはマラソンでは大成しない、という説もあるようだ）。水準の高い選手が競い合うことは、競技レベルを上げるのに役立っているし、沿道やテレビで競技を楽しめるので、国民的行事の一つとしての役割は評価してよい。さらに、競技中は大学名が連呼されるので、出場大学の宣伝に役立つ効果がある。「箱根駅伝」に参加する大学は、ほとんどが私立大学なので、知名度のアップに大いに貢献している。

ただし、学生駅伝の競技水準で評価すれば、「箱根」と「出雲」や「全日本」はほとんど差がない。それでは、なぜ「箱根」だけが異常な人気なのか。それは、正月休みを家で過ごす日本人の生活習慣とテレビ中継の時間帯が合致すること、さらに、出雲や伊勢路のような歴史的背景のあるローカルの風景よりも、東京および東京圏の代表的観光地である箱根の沿道風景に接することのできる魅力のほうが勝っているからだと思われる。

「箱根駅伝」の「罪」とは

「箱根駅伝」の意義を否定するつもりは毛頭ないが、いくつかの「罪」も指摘しうる。

第一に、これだけ人気が高く、しかも水準の高い駅伝であるのに、なぜ関東の大学だけに参加資格が限られているのか？　という素朴な疑問である。やや極論すれば、関東以外の大学は排除されているので不公平ではないか、という声である。この声には、関東学連の責任を問うべきものではなく、もともと関東の大学だけの行事として挙行していた大会が、たまたま全国的に有名になっただけだ、という反論は可能である。

第二に、地方の高校で陸上長距離をやっている生徒が、「箱根駅伝」に出場するチャンスを求めて関東の大学に進学したいという希望を持つようになった。これは、関東の大学とそれ以外の大学との実力差が、とても大きくなったことを意味する。

こうして、「箱根駅伝」は大学陸上長距離の人材が関東に一極集中する機縁を生むことになってしまった。こういう状況は好ましくないとして、全国の大学に門戸を拡（ひろ）げようと考えたことはあったようだが、なかなか実現していない。一つの障壁は、全国テレビネットワークが絡んでいるので、関東学連だけの意向だけでは決められないことである。さらに、他地域の大学側も、現時点では門戸を開けという強い要求はしていない。すでに「出雲駅伝」や「全日本大学駅伝」があるので、今さら「箱根駅伝」を全国の大学に門戸を開く必要性はないとの反論もありうる。

私案の妥協策として、関東の大学は今まで通り主流とし（10大学から15大学の参加）、全国各地の予選を経た5大学か10大学を「箱根駅伝」に参加させる、という案もありうる。経費と手間が大変かもしれないが、「箱根駅伝」の一極集中による弊害を和らげるのに役立つと思われるが、いかがであろうか。そのときは「出雲駅伝」や「全日本大学駅伝」との差別化が問われるだろう。ただしこの両大会には、「箱根駅伝」に関与している読売新聞社や日本テレビとライバル関係にあるメディアが関わっているので、一筋縄では解決しないかもしれない。

実際のところ、現状では、「出雲駅伝」も「全日本大学駅伝」も、双方ともに、成績上位の大学は「箱根駅伝」で上位に入る大学とほぼ変わりがない。これこそが、「箱根駅伝」の存在によって、優秀な高校生ランナーが関東の大学に集中していることを示すものである。

3　東京発スポーツメディアの功罪

東京のメディアは情報収集力が高い

日本の新聞社、テレビ局、それに各種のメディア発信の媒体のほとんどは東京に集中している。新聞社であれば、読売、朝日、毎日、日経、産経が東京に本社を構えており、そこで書かれた記事が全国で掲載されている。朝日は戦前に大阪で設立され、大阪からの記事発信もかなりあったが、政治、経済の中心が東京に移るとともに、今では東京発信の記事がほとんどのウエイトを占めている。また、毎日は東京で始まったが、しばらくして大阪にあった大阪毎日が大きくなり、東京に進出してきたのである。今や毎日の記事も東京発が多い。なお、地方新聞が共同通信や時事通信から送られる記事を載せているが、両社ともに本社は東京にある。政治、経済、司法、社会、スポーツ、芸能などあらゆる活動が東京一極集中なのでやむをえない側面はある。

テレビ局も同様で、NHK、日本テレビ、テレビ朝日、TBS、フジテレビ、テレビ東京は全国放送のキー局として、多くの番組を東京で制作し、全国の系列テレビ局がそれらを流している。新聞社と同様に、政治、経済の中心が東京なので、ニュースの供給源は圧倒的に東京である。芸能番組についても、俳優・タレントをはじめ関係者の多くが東京にいるし、制作現場の設備も東京に集中しているので、そうならざるをえない。

スポーツの場合は、やや複雑である。

プロ野球は必ずしも東京圏に本拠地を置いている球団ばかりではなく、後に詳しく検討するように、地方に本拠地を置いている球団もかなりあるので、記事や放送は東京発信ばかりではない。サッカーのJリーグも、東京圏に多くのプロチームがあるが、地方に本拠地のあるチームもかなりあり、東京からの発信ばかりではない。大相撲は、年6場所のうち3場所が東京で開催され、残りは名古屋、大阪、福岡での開催なので、東京への一極集中とまではいえない。

とはいえ、スポーツに関しても、東京からのメディア発信が多いことは当然である。したがって取材や記事作成、あるいは放送などにあたる人材が東京に集中しているのは、効率的な運営のためには、ある程度はやむをえない。また現代では、外国で大きなスポーツ大会が行われる場合が多いが（オリンピック、各種のワールドカップ、野球のワールド・ベースボール・クラシックなど）、その取材と中継に派遣される人材は、東京キー局のスタッフであることがほとんどである。

東京と地方のスポーツメディアの温度差

東京発のスポーツ記事・番組が多いことについて全面否定するつもりはないが、いくつか留意せねばならない点がある。それらを、ここで述べておこう。

新聞の名前を挙げることに大きなためらいはあるが、プロ野球の巨人に関することである。読売新聞社がオーナーなので、「読売新聞」のスポーツ欄には巨人に関する記事が多い。「オーナー企業だから記事にしたり、応援したりするのは問題ない」という見方には一理ある。しかし、「読売新聞」は政治、経済、社会などあらゆる分野の記事を掲載する「全国紙」であるのに、野球に関しては、東京という一地域を本拠地にする巨人を中心にするのはいかがなものか、という意見もありえよう。

一方で、東京発のテレビにおいては「手の平返し」というほかない現実がある。ひと昔前、巨人戦の中継がテレビで人気を博していたとき、巨人のホームグラウンドである後楽園球場や東京ドームでの放映権を独占していた日本テレビは当然として、ほとんどの東京キー局が巨人戦しか放送しない時期があった。このことによって、地方に住む人は巨人戦しか見られないため、必然的に、これらの人々の多くは巨人ファンになった。ところが、巨人戦のテレビ視聴率が低迷すると、日本テレビをはじめ民放の東京キー局は、週末のデーゲームなどを除き、巨人戦を地上波でほとんど放映しなくなった。特に、ゴールデンタイムでの中継はほぼ皆無である。

それに対して、地方においては、現在でも、大阪、愛知、福岡、北海道、広島、宮城など地元にプロ球団がある地域の民放テレビ局は、地元球団の試合をローカル向けに地上波で数多く中継しており、ゴールデンタイムでの中継も珍しくない。

新聞に話題を戻すと、読売系の「スポーツ報知」は巨人を大々的に記事にしているが、地方に行けば、「デイリースポーツ」(神戸新聞社系)、「中日スポーツ」(中日新聞社系)、

「西日本スポーツ」（西日本新聞社系）、「道新スポーツ」（北海道新聞社系）などが、地元のプロ球団（阪神、中日、ソフトバンク、日本ハム）の応援色が強い記事を掲載している。これらはいずれも「全国紙」ではなく「ローカル紙」であり、「ローカル紙」としての独自色を出している結果である。

メディアと勝利至上主義

東京発スポーツメディアの問題点は、前述したように、東京のメディアが、オリンピック、ワールドカップなど、日本選手が参加する国際試合の報道を仕切っていることにあると指摘しておこう。

オリンピックをはじめ国際試合は、メダル獲得（結果を出すこと）が第一目標になるのであり、そのため、報道も勝利至上主義、メダル至上主義に陥ってしまう。メダルを獲得したか、しなかったかを巡る内容に終始し、国民のナショナリズムをくすぐり、それに応じようとして、一面的な報道内容になってしまうのである。メダルを獲得したヒーロー、ヒロインは大々的に報道されるが、獲得できなかった選手やチームには、冷たい扱いがなされることも結構ある。こういった姿勢が、普段のスポーツ報道にも影響していないとはいえないのではないか。

スポーツのもともとの目的は、体力増強、余暇の楽しみなどが中心にあり、競技に勝つためという目的は、副次的なものにすぎなかった。しかし競技が盛んになるにつれ、勝つことが目標になる傾向が強まった。競争であるから勝者と敗者が出るのは当然だし、誰でも、負けるより勝つほうがうれしくもあり心地がいい。練習や努力の成果を勝利という形で味わうのは尊いことである。勝つことを目的にすること自体に違和感はない。

しかし、スポーツで生活の糧を得る人（すなわちプロ）が出現し、プロでなくても、学校、職場、国家の名誉のために勝利を目指すという時代になってしまった。勝利のためにはあらゆる手段を講じるようになり、ファンも結果について過剰に反応するケースが見られるようになった。

いくつかの例を挙げてみよう。肉体改造のために禁止薬物を使用する。学校教育においてスポーツだけに特化し、学業を軽視する。よい選手を獲得するために金銭が動き、スキャンダルが発生する。ファンの間で勝敗にこだわった暴動騒ぎ（代表例はサッカーのフーリガン）が発生する――。

勝利至上主義が過剰になると、このような弊害が出現するが、それを防ぐ手段を講じることが大切である。例えば、監視機能の強化、罰則規定の制定、不正を働かせないようにする啓発活動などがある。スポーツは勝つことが目的の一つであることを否定はしないが、基本は楽しむもの、という認識の高まりに期待したい。

第2章　プロスポーツはすでに「地方分権」にシフト

1　プロ野球の地方移転

南海、阪急、近鉄の消滅

１９８０年代後半の日本プロ野球界においては、本拠地を関東と関西に置く球団が圧倒的に多かった。パシフィック・リーグ（パ・リーグ）では南海ホークス、阪急ブレーブス、近鉄バファローズの３球団が関西地区に、西武ライオンズ、ロッテオリオンズ、日本ハムファイターズの３球団が関東地区に本拠を置いていた。球場は、南海と近鉄が大阪市南部の難波(なんば)と大阪府の藤井寺、阪急が西宮、西武が所沢、ロッテが川崎、日本ハムが後楽園（１９８８〈昭和63〉年以降は東京ドーム）にあった。なお西武の歴史をたどれば、福岡の平和台球場を本拠地にしていた西鉄ライオンズが起源であるが、１９７９（昭和54）年から西武球団として関東に移ったのである。

ともかく、１９８０年代のパ・リーグは、関東と関西だけに集中していたという、非常

表2-1　セ・リーグとパ・リーグの年度別入場者数（1950-2018年度）

	セ・リーグ			パ・リーグ		
年度	試合数	入場者数	１試合平均	試合数	入場者数	１試合平均
1950	553	2,462,000	4,452	420	1,744,200	4,200
1960	390	5,304,159	13,600	402	2,800,302	6,966
1970	390	6,542,750	16,776	390	3,038,530	7,800
1980	390	10,322,000	26,467	390	5,797,500	14,900
1990	393	12,020,000	30,585	390	8,609,000	22,100
1995	391	12,345,000	31,573	390	9,646,000	24,700
2000	407	12,873,500	31,630	405	9,567,500	23,600
2005	438	11,672,571	26,650	408	8,252,042	20,226
2010	432	12,308,022	28,491	432	9,832,981	22,762
2014	432	12,616,873	29,206	432	10,242,478	23,709
2018	429	14,235,573	33,183	429	11,315,146	26,376

（出所）日本野球機構HP

に歪(いびつ)な姿であった。なおセントラル・リーグ（セ・リーグ）は、中日ドラゴンズが名古屋、広島東洋カープが広島を本拠地にしており、残り４球団が関東と関西にあった（現在も同様）。

当時のプロ野球が、どの程度の観客数を集めていたのかを確認しておこう。表２－１は、セ・リーグとパ・リーグの入場者数の推移を示したものである。１９８０年代を語る前に、それまでの時期の入場者数を簡単に述べておこう。まず戦後の20～30年においては、セ・リーグが年間１０００万人以下、パ・リーグが５００万人以下の数字だったので、プロ野球人気はそれほどのものではなかった。ただし、この時代から、すでに人気はパ・リーグよりもセ・リーグのほうが高かったのである。

1980年代に入ると、セ・リーグは1000万人を超え、パ・リーグも500万人を超えて1980年代後半には800万人を超えたので、プロ野球人気は高まったとみなしてよい。少し前の時代にあったV9（1965〈昭和40〉～73〈昭和48〉年に9年間連続でセ・リーグ優勝、日本シリーズ制覇）で象徴される巨人の圧倒的人気、そして関西の阪神、名古屋の中日という、地域の伝統球団の存在がセ・リーグにはあった。それに対して、パ・リーグの人気はセ・リーグよりもかなり低く、「人気のセ、実力のパ」という言葉がよくささやかれたものである。

1980年代後半に日本経済はバブルに躍ったが、当然のごとくバブルは崩壊し、その後、長期の大不況期に突入した。多数の企業倒産が見られるようになったが、プロ野球を持つ親会社にもこの影響は大きかった。関西の鉄道会社も例外ではなく、1988（昭和63）年に阪急はオリックスに球団を売却し、同年に南海もダイエーに球団を売却して福岡に本拠地を移した。その後はダイエーから現在のソフトバンクへとオーナーが替わった。

そして、近鉄バファローズにも激震が起きた。近鉄本社は1兆円を超す大赤字となり、子会社のバファローズを保有できなくなったため、球団の売却、ないし他球団との合併を2003（平成15）年から04年にかけて模索していた。そこにオリックスが関心を示したが、もし合併すれば支配下選手数をオーバーすることになるので、プロ野球選手会（プロ野球の労働組合にあたる）は解雇される選手のことを思って、ストライキを挙行して抗議を行った。

このとき経営側は、さらにダイエーとロッテを合併させ、2リーグ制を廃止して10球団による1リーグ制を画策した。一気に2球団も削減されれば、選手数の著しい削減につながるため、選手側は激しく反対したのである。また、日本シリーズがなくなることなどへの危惧もあり、ファンからの支持も得られなかった。

球団経営側とプロ野球選手会の激しい交渉の末、楽天が新しく球団として参入することで決着し、近鉄の選手はオリックスと楽天に移っていった。この時期の経緯と評価については橘木（2016）に詳しい。なお、東北楽天ゴールデンイーグルスは仙台に本拠地を置いたので、すでに、2004（平成16）年から日本ハムが札幌に本拠地を移していたことあわせて、パ・リーグの関東・関西地区への集中が大きく緩和された。

今や12球団の本拠地は、札幌、仙台、所沢、千葉、東京（2球団）、横浜、名古屋、大阪、西宮（甲子園）、広島、福岡と分散する時代になっており、誠に好ましい状況にある。

パ・リーグの人気回復

2004（平成16）年に球界再編問題や選手のストライキなどが発生したことにより、プロ野球人気は少し低下したのであるが、その後に人気が回復したことは強調されてよい。直近の2018（平成30）年の数字によると、入場者数はセ・リーグが1400万人台、パ・リーグが1100万人台に達しているので、人気回復が確認できる。特に強調すべきことは、パ・リーグの人気上昇度がセ・リーグのそれよりも高い事実にある。

それを表2－2の球団別入場者数で確認すると、第1位と第2位はセ・リーグの読売ジャイアンツと阪神タイガースであるが、第3位は福岡ソフトバンクホークスである。さらに、かつては観客動員に苦戦していた北海道日本ハムファイターズや千葉ロッテマリーンズ、さらに新興球団の東北楽天ゴールデンイーグルスもかなりの入場者数を示しており、

表2-2　球団別入場者数（2018年）

	球団名	入場者数	試合	1試合平均
セ・リーグ	広島東洋カープ	2,232,100	72	31,001
	阪神タイガース	2,898,976	71	40,831
	横浜DeNAベイスターズ	2,027,922	72	28,166
	読売ジャイアンツ	3,002,347	72	41,699
	中日ドラゴンズ	2,146,406	71	30,231
	東京ヤクルトスワローズ	1,927,822	71	27,152
パ・リーグ	福岡ソフトバンクホークス	2,566,554	71	36,149
	埼玉西武ライオンズ	1,763,174	71	24,833
	東北楽天ゴールデンイーグルス	1,726,004	72	23,972
	オリックス・バファローズ	1,625,365	72	22,575
	北海道日本ハムファイターズ	1,968,916	71	27,731
	千葉ロッテマリーンズ	1,665,133	72	23,127

（出所）日本野球機構HP

まだセ・リーグには及ばないが、肉薄しつつある。これはパ・リーグの球団が札幌、仙台、福岡という地方の中核都市に本拠地を移したことが大きく影響している。

もとよりパ・リーグの人気が高まったのには、地域分散に加えて、パ・リーグに属する球団そのものが強くなったことが重要である。2004年以降、ソフトバンクは日本シリーズに5回も勝利する常勝球団になったし、日本ハム、ロッテ、西武は各2回、楽天は1回、日本一になった。2004年以降の15シーズンの日本シリーズは、パ・リーグの12勝3敗である。

さらに、2005（平成17）年から行われているセ・パ交流戦に眼を向けると、パ・リーグ球団がセ・リーグ球団を圧倒している。通算でパ・リーグ1098勝、セ・リーグ966勝である（2019年まで）。こうして、「実力のパ」という認識が一般に普及したことも忘れてはならない。

もう一つ加えるとすれば、この時期のパ・リーグ各球団にスター選手が所属していたことも大きい。後にアメリカメジャーリーグで活躍するダルビッシュ有（日本ハム）、田中将大（楽天）、大谷翔平（日本ハム）などが典型である。現在でも、ソフトバンクの柳田悠岐、西武の山川穂高や秋山翔吾といった実力派、日本ハムの清宮幸太郎や吉田輝星といった人気選手がいることも、パ・リーグの人気に寄与している。

2018（平成30）年の球団別入場者数を、もう少し詳しく評価してみよう。巨人と阪神は、チーム成績は3位と最下位という不本意なシーズンながら、入場者でトップと第2位を保持できたのは、東京と大阪を代表する老舗球団の証である。第3位のソフトバンクは、今や球界の盟主と称されるほどの強豪チームになっているし、福岡で人気が根付いた証拠である。第4位の広島カープはセ・リーグ3連覇を果たし、広島という中核都市の誇りとなっている。本拠地マツダスタジアムは今やチケット入手が困難となっていて、ひと昔前、広島市民球場に閑古鳥の鳴いていたころとは大きな違いがある。

一方で、入場者数の少なかった球団に注目してみよう。もっとも入場者数の少なかったオリックスは、関西地区で阪神の陰に隠れているし、旧・阪急時代に強い時期はあったが、現在ではBクラスに低迷することが多く、1996（平成8）年以降、優勝から遠ざかっている。成績低迷といえば、2018年の阪神は最下位だったが、2019年の入場者数は落ち込んでいない。弱くても応援する気質が関西人にはあるが、これがオリックスに当てはまらないのは、両球団のメディアにおける扱いの差が原因かもしれない。

なお楽天に関しては、地元仙台では人気を博しているが、本拠地球場の観客収容人数が他球場と比べて少ないため、入場者数では下位になることを考慮したい。これに関していえば、人口の多い名古屋地区において、しかも収容人数の多いナゴヤドームを本拠地とする中日の入場者数が、その器に比してさほど多くないことのほうが問題である。

いずれにしろ、強調すべきことは、「人気のセ、実力のパ」と呼ばれたころのパ・リーグ球団の不人気と比較すると、はるかに多くの観客が球場まで試合を見にきているということだ。その象徴が札幌の日本ハム、福岡のソフトバンクであり、ともに、本拠地の地方移転は大成功だった。スポーツによる地方活性化の代表として、この2チームは大いに評価したい。東北楽天もチームの成績に浮き沈みが激しいものの、仙台への移転は決して間違いではなかったし、今後への期待は大きい。

2　日本野球機構（ＮＰＢ）以外の野球組織

実業団野球

プロ野球以外にも、野球をやっている組織はいろいろある。高校、大学といった学生野球は、甲子園大会や東京六大学野球などで代表されるように人気は高いが、選手が野球によって所得を得るということはなく、ここでは考慮の外に置く。

まず浮かぶのは、企業で働きながらそこの野球部に所属している形態である。全国大会である「社会人野球日本選手権」や「都市対抗」で競っているが、チームの母体は企業である。選手たちは企業から給料を受け取るが、野球の試合や練習に費やす時間は、企業によってマチマチである。日本生命、トヨタ自動車、JR東日本など大手企業の野球チームは、高校や大学から多くの有望選手をスカウトし、プロ並みの練習施設を備えている。ドラフトで指名されてプロに進む選手も多い。

そもそも企業でのスポーツは、福祉活動の一環として出発した。社員の体力増強、応援などを通じての社員の一体感育成、会社の知名度アップなどの目的で、企業（特に大企業）は独自の運動部を持っていたのである。しかし低成長時代に入ると、企業は余裕資金が減少して福祉への支払いを削減するようになり、野球、ラグビー、バレーボール、サッカーなど運動部の活動を縮小させるようになった。その結果、例えば、サッカーにおいては企業チームがサッカー界の中心であったが、それらがプロ化してJリーグの開幕となったのである。それは日本が低成長時代に入っていた1993（平成5）年のことだった。

野球の場合には、プロ野球がすでに存在していたので、企業の野球部がサッカーのJリーグのようにプロ化することはなく、野球部を廃止したり、活動規模の縮小を選択したりするようになった。代表例は、岩手県釜石市にあった富士製鐵釜石野球部である。阪急ブレーブスで活躍した山田久志（ひさし）投手を輩出した富士鐵釜石野球部は、母体の富士製鐵が八幡（やはた）

製鐵と合併してから新日本製鐵釜石野球部となっていたが、1988（昭和63）年に休部、その後に廃部となったのである。

実業団野球が役割を小さくすると、それの受け皿、ないし代替となる組織が必要となる。それが、次に述べる独立リーグである。

独立リーグ

企業の業績が不振の時代に入り、企業が野球部などの福祉活動から撤退を始めると、高校や大学で野球をやっていた人々の行き先が限られるようになった。プロ野球にドラフト指名されるのはごく一部の限られた人にすぎない。これまでは企業に就職しながら野球のできる実業団野球部があったが、それに代わる組織として、独立リーグが登場したのである。

もう一つの契機は、すでに紹介したように、2004（平成16）年から05年にかけて、プロ野球界にストライキや球界再編という大激動が起こったことである。これに触発されて、プロ野球でもなく、実業団野球でもない、新しいタイプの野球チームが出現した。それが独立リーグである。

形式としては、一般社団法人の日本独立リーグ機構に属している組織として四国アイランドリーグplus（元は四国アイランドリーグ）、ルートインBCリーグがあり、その他に、関西独立リーグがある。それらの組織の下に、いくつかの野球チームが所属している。チーム名と本拠地は、本書巻頭に掲載したチーム一覧を参照していただきたい。アメリカメジャーリーグにいた藤川球児（現在は阪神タイガース）やアメリカメジャーリーグのスターだったマニー・ラミレスは、高知ファイティングドッグスに一時期所属していたことがある。また、横浜ＤｅＮＡベイスターズの現監督アレックス・ラミレスは群馬ダイヤモンドペガサスに所属したことがあるし、巨人を自由契約になった村田修一（現・巨人二軍コーチ）が栃木ゴールデンブレーブスに入団して話題になったこともあった。

これらのリーグの最大の特色は、東北、北関東、北信越、四国といった地方の中規模都市を拠点にしていることにある。これらの都市は、日本野球機構（ＮＰＢ）球団の本拠地が存在しない空白地域である。ＮＰＢが現行の12球団に限定せず、もう少し球団数を増やす方策を考えてもよいが、これについては終章で論じる。

独立リーグは入場料、グッズ販売、スポンサー収入などで球団経営を行うが、主たる収入源は、地元の企業から拠出されるスポンサー資金である。地方の中小企業が主たるスポンサーなので、企業数は多くても一企業あたりの拠出額が少なく、独立リーグ球団の総収入は少額であった。そのために所属する選手の給料も低く、プロ野球の選手と比較するとはるかに恵まれない。経営の苦しいときは無給のときもあったし、選手もオフシーズンに野球以外のアルバイトをして生活費を稼ぐという状況もあった。

独立リーグが創設されてから十数年が経過したが、これまでの経過と現状を筆者なりに総括しておこう。

第一に、地方を活性化するという目的は評価してよい。地元の企業がスポンサーとなって野球の試合を実施し、地元の人々が野球を現場で観ながら楽しむ機会をつくるのは好ましいことである。多くの人が球場に足を運んで入場料収入が増加し、相乗効果で地元企業も売り上げが増加するような広告・宣伝活動がうまく機能すれば、経済の活性化にもつながる。

第二に、ＮＰＢの選手ほど技能の高い選手はそういないであろうから、野球の水準としてはそう高いものは期待できない。しかし、高校野球が地元に根を張ってこれだけの人気を博しているのであるから、独立リーグの野球においても、地元球団を強く応援する空気を醸成してほしい。野球の技術水準よりも地元の応援、という高校野球と同じ精神であってほしい。そのためには地元の高校、大学を出た選手をできるだけ多く採用する、といったことがあってもよい。人々はそういう選手を熱狂的に応援すると期待できる。

第三に、野球選手として活躍できるのは、せいぜい35～40歳までである。人によっては、もっと若い年齢で野球ができなくなることもある。したがって、地元企業のスポンサーを中心にして、選手生活を終えた人々の雇用に熱心になってほしいものである。実は、NPBを引退した選手のセカンドキャリアも、無視できないほどの課題となっている。独立リーグで選手のキャリアを終える人の第二の就職先という課題はきわめて重要なことであり、各地域の企業や経済界と連動した取り組みが必要だという認識を、独立リーグの関係者は持ってほしいものである。

第四に、個々の独立リーグチームのホームページを見ると、在籍者の中からNPBにドラフト指名された選手のことが、誇らしげに報告されている。だが筆者は、この事実をさほど評価していない。独立リーグはプロの世界に行く人のための予備ないし準備の場所、という認識だけにとらわれてほしくないからだ。独立リーグからＮＰＢに入り、最初は二軍へ、次に一軍へ、というプロセスは決して簡単なものではない。最初からＮＰＢに入った選手でも、二軍暮らしばかりで一度も一軍に昇格できずプロの世界を去る人は数多くいる。高知ファイティングドッグスから千葉ロッテに入団し、二度も首位打者になった角中勝也のような選手はいるが、皆が角中のような成功をおさめられるわけではない。それよりも、独立リーグの選手は、好きな野球ができることに、まず幸せを感じてほしい。このように述べると、「ＮＰＢの選手になるという夢を壊すのか」と非難されるかもしれないが、現実をよく見つめることも、重要な人生の掟（おきて）の一つである。

３　地方大学野球部の躍進

かつての人材供給は、ほとんど首都圏の大学から

日本の野球界の歴史を振り返ると、戦前は学生野球の黄金時代であり、プロ野球よりも

人気が高かった。そもそも野球がアメリカから入ってきたのは明治時代の前半期であるが、当然のことながらプロ野球はまだなく、学生が、野球を学校における運動競技として行っていた。したがって、旧制高校や旧制中学における野球部がその主体であった。

その後、東京六大学野球が1925（大正14）年に発足した。それまで人気の高かった早稲田大学と慶應義塾大学の2校に加えて、明治大学、立教大学、法政大学、東京帝国大学（今の東京大学）が加わって六大学リーグとなったのである。六大学野球の人気は高く、特に早慶戦の人気の高さは格別で、「野球なら六大学」と称してもよいほどであった。

同時に、旧制中学における中等学校野球も徐々に人気を博すようになった。各地方の大会を経てその勝者が集って戦う甲子園球場の全国大会（夏の大会）と選抜大会（春の大会）は、年を追うごとに人気が高まった。六大学野球は東京地区だけであるが、中等学校野球は全国各地の旧制中学が参加するので、地元に根付いた野球人気を高めることに貢献したのである。

プロ野球（現在のNPB）の公式戦が始まったのは1936（昭和11）年であり、巨人、阪神（当時は大阪タイガース）など7球団での発足であった。プロ野球とは選手が球団

（日本の場合は、新聞社と鉄道会社がオーナーになることが多かった）から俸給をもらいながら野球を行う組織である。当然のことながら、入場料を取っての試合であった。しかし、創設時のプロ野球人気は、東京六大学や中等学校野球には及ばなかった。

　その理由の一つは、すでに述べたように学生野球の人気が非常に高かったためで、プロ野球への関心は国民の間で高まらなかった。さらに、野球のような仕事で収入を得るというのはいやしいこと、という感覚があり、職業としてさほど尊敬されなかった。一つの象徴的な例を挙げれば、六大学のスター選手だった鶴岡一人（かずと）（後の南海ホークスの選手、監督）が、法政大学を卒業してプロ野球の選手になろうとしたとき、法政大学野球部のＯＢ会は鶴岡を除名せよと主張し、卒業式では記念の時計がもらえなかった。当時の旧制大学生はエリートだったのでプロ野球には見向きもしなかったのである。プロの選手になるのは大学中退者か、旧制中学卒が多く、高等小学校卒もいた。このあたりの事情は橘木（２０１６）に詳しい。

　この状況は戦後まで続いたが、戦後しばらくしてからはプロ野球人気の高まりとともに、新制大学卒もプロ野球の世界に入るようになった。これには、高等教育の普及により大学生の数が増加したので、プロ野球の世界に入ることへの抵抗感が弱まったことが大きい。１９６０年代あたりからは、プロ選手の俸給もかなり高くなったので、それに魅力を感じるようになったこともある。

こうして大学卒のプロ野球選手の数は増加したが、どの大学の卒業生だったかが注目される。１９６５（昭和40）年から２０１０（平成22）年までの45年間にわたって、卒業大学別の人数をまとめてみた。それが表２－３である。

この表からわかる点は、

表2-3 プロ野球選手（1965-2010年）出身大学ランキング

順位	大学名	輩出人数
1	法政大学	78
2	早稲田大学	62
3	駒澤大学	57
4	明治大学	47
5	近畿大学	46
6	亜細亜大学	45
7	中央大学	44
8	東北福祉大学	40
8	東洋大学	40
10	東海大学	39
11	青山学院大学	35
12	日本大学	34
13	専修大学	28
14	立命館大学	21
15	慶應義塾大学	20
15	立教大学	20
17	国士舘大学	19
18	大阪商業大学	18
18	龍谷大学	18
20	東京農業大学	14

（出所）橘木・齋藤（2012）

東京六大学と東都大学野球連盟（東都大学連盟）が圧倒的な数を輩出していることだ。東都大学野球連盟とは、東京圏の21の大学が加盟している大きなリーグで、トップの第1部から第4部まである。各部の間では入れ替え戦をやっていて、どの大学がどのカテゴリーに属するのか変動がある。一方の東京六大学は入れ替え戦がなく、常に同じメンバーである。

東京六大学では、法政大学の78名、早稲田大学の62名、明治大学の47名が際立って多い。東都大学連盟では、駒澤大学の57名、亜細亜大学の45名、中央大学の44名、東洋大学の40名が、多くの輩出数を誇っている。他に青山学院大学、日本大学、専修大学なども多くの選手をプロ野球界に送っている。

この表の中で東海大学は39名と多い数であるが、東京六大学、東都大学連盟とは別の首都大学野球連盟（首都大学連盟）に属している。他に、46名の近畿大学は関西学生野球連盟、40名の東北福祉大学は仙台六大学野球連盟に属している。この2校のように首都圏以外で健闘している大学もあるが、東京六大学、東都大学連盟、首都大学連盟という首都圏の大学野球部から、大半のプロ選手が供給されてきたとみなしてよかったのである。

近年は地方大学出身のプロ野球選手が増加

では、ごく最近に注目するとどうであろうか。表2－4は2016（平成28）年から18（平成30）年までの、NPBにおける大学卒ドラフト指名選手の大学別人数を示したものである。各プロ球団のホームページから集計したものである。

表2-4　最近3年間(2016-2018年)の大学卒ドラフト指名選手の所属大学

大学名	輩出人数
亜細亜大学	5
明治大学	5
東洋大学	4
立教大学	4
立正大学	3
富士大学	3
中部学院大学	2
白鷗大学	2
國學院大學	2
九州共立大学	2
大阪商業大学	2
早稲田大学	2
専修大学	2
慶應義塾大学	2
東北福祉大学	2
奈良学園大学	2
創価大学	2
上武大学	2
日本体育大学	2
立命館大学	2
岡山商科大学	2
横浜商科大学	2

（出所）各プロ野球球団HPより作成

この表から、いくつかの興味ある事実を指摘できる。

第一に、従来では圧倒的な輩出数を誇っていた東京六大学と東都大学連盟の変化である。確かにいくつかの大学、例えば亜細亜大学、明治大学、東洋大学、立教大学は5名から4名でトップ級の地位に入るが、過去のような圧倒的な輩出数ではない。むしろ、いくつかの大学、例えば法政大学、駒澤大学、中央大学、青山学院大学などは2名以上を出しておらず、影を薄くしているのに気が付く。まとめれば、東京六大学、東都大学連盟といった老舗の大学野球部の独擅場ではなくなっているということである。

第二に、首都圏においては老舗に代わって新しい大学が登場している。例えば、創価大学、白鷗大学、といった大学が2名以上を輩出している。これらの大学は、東京新大学野球連盟、関甲新学生野球連盟といったように、東京六大学や東都大学連盟とは異なる野球連盟に属して、リーグ戦を戦っている。

第三に、地方の大学がかなり頑張っていることを強調したい。3名の富士大学は岩手県花巻市、2名の中部学院大学は岐阜県関市といったように、地方都市にある大学である。他にも栃木県小山市の白鷗大学、奈良県生駒郡三郷町の奈良学園大学といったような、地方都市や町の大学がある。九州共立大学は北九州市なので都会ではあるが、地方にあるのは事実である。

表2-5　全日本大学野球選手権大会歴代優勝回数と、2009年以降の優勝校と準優勝校

優勝回数	大学名
8	法政大学
6	駒澤大学
5	明治大学、早稲田大学
4	近畿大学、亜細亜大学、青山学院大学、東洋大学、東海大学、立教大学
3	中央大学、慶應義塾大学、東北福祉大学
2	日本大学、関西大学
1	専修大学、中京大学、日本文理大学、大阪体育大学、上武大学、中京学院大学

年度	優勝	準優勝
2009	法政大学	富士大学
2010	東洋大学	東海大学
2011	東洋大学	慶應義塾大学
2012	早稲田大学	亜細亜大学
2013	上武大学	亜細亜大学
2014	東海大学	神奈川大学
2015	早稲田大学	流通経済大学
2016	中京学院大学	中央学院大学
2017	立教大学	国際武道大学
2018	東北福祉大学	国際武道大学

（出所）全日本大学野球連盟HPより作成

　以上をまとめると、首都圏にある老舗の東京六大学や東都大学連盟に属する大学は、過去のように多くの優秀な野球選手を輩出しておらず、むしろ、首都圏の新興大学や地方の小都市の大学から、かなりの数の選手がＮＰＢの球団に入団しているのである。

　かつては東京六大学や東都大学連盟が大学野球界のエリートだったが、

今はそれが地方の大学にも拡散していることを、別のデータで確認しておこう。前ページの表2－5で示したのは、全日本大学野球選手権大会の歴代優勝回数と、最近10年間の優勝校と準優勝校である。

過去67回にわたる歴史の中で、優勝回数が4回以上の強豪校は、法政大学の8回、駒澤大学の6回、明治大学と早稲田大学の5回、近畿大学、亜細亜大学、青山学院大学、東洋大学、東海大学、立教大学の4回である。近畿大学と東海大学以外は、すべて東京六大学と東都大学連盟に所属する大学である。

ところが最近10年間の優勝校と準優勝校に注目すると、確かに東京六大学と東都大学連盟は今でも名前を連ねているが、むしろ、新しい大学の名前が多いことに気付く。富士大学、上武大学（群馬県伊勢崎市）、神奈川大学（横浜市神奈川区）、流通経済大学（茨城県龍ケ崎市）、中京学院大学（岐阜県中津川市）、中央学院大学（千葉県我孫子（あびこ）市）、国際武道大学（千葉県勝浦市）、東北福祉大学（宮城県仙台市）といった大学である。東京六大学と東都大学連盟以外の首都圏にある大学と、中京圏と東北圏の大学が登場しており、大学野球は東京六大学と東都大学連盟だけの時代ではないことを如実に示している。

地方の大学が頑張っている姿を、別の角度からも示しておこう。それは、最近のNPBにおけるトップスター選手の出身校である。2017（平成29）年のパ・リーグ首位打者で、2015（平成27）年には216本というシーズン安打数の日本記録を達成した秋山翔吾（西武）は、青森県の八戸大学（現在は八戸学院大学）出身である。2018（平成30）年にパ・リーグ本塁打王となった山川穂高（西武）は岩手県の富士大学、トリプルスリーの経験者で首位打者を二度取った日本を代表する強打者、柳田悠岐（ソフトバンク）は広島経済大学、日本一の内野守備を誇る菊池涼介（広島）は岐阜県の中京学院大学の出身である。

なぜ、このようなトップ級の選手が地方の大学から輩出されるようになったのか。種々の理由が考えられる。

第一に、高校時代に甲子園などで名を挙げたスター選手は、高校生のときにドラフト指名されて大学に進学せずに直接プロ選手になるケースが多い。第二に、高校時代にドラフト指名されなかった選手は大学に進学するが、必ずしも東京六大学や東都大学連盟といった有名な野球部ではなく、地方の大学に進学することを厭わない。そこには、地方の大学が優秀な選手を入学させようとして、さまざまな優遇策を提供している事情を無視できない。授業料免除や寮生活への補助金支出といったような特待生待遇である。第三に、これら地方の大学には優秀な監督やコーチがいて選手の技術を向上させているし、それぞれの地域リーグにおける切磋琢磨も第一級である。例えば、八戸学院大学や富士大学が加盟している北東北大学野球連盟は、最近めきめきと水準を上げており、すでに紹介したように、ここから強い大学とスター選手が出現している。

加えて、生活空間のこともある。地方は土地に余裕があり、かつ廉価のため、練習場、キャンパス、寮が近接しているので、生活がしやすいというメリットがある。都会の大学であれば、練習場とキャンパス、寮が遠く離れていたり、練習場も手狭だったりすることが多い。２０１８年のドラフト１位で巨人に入団した高橋優貴は、首都圏の高校（東海大菅生）から八戸学院大学に進んだのであるが、その理由について、インタビューで「環境が整っていて、野球に集中できる」と答えている。

高校野球の世界では

前項で大学野球の中央離れと地方大学の活躍を述べたが、大学に学生を送り込む高校の野球についても、簡単に述べておこう。

高校野球の歴史を振り返れば、強い高校が多いのは西日本であり、近畿、中国、四国あたりが野球王国であった。特に京阪神地区に強豪校が多かった。東京圏を除いた東日本、具体的には北陸、東北、北海道は弱かった。一つの要因は、冬季に屋外で練習ができない点にあった。

しかし室内練習場が整備されるようになり、それに加えて、東日本地域の高校が、首都圏や関西の優秀な中学生を入学させる（いわゆる「野球留学」）ようになった。それは、地方の大学が都会の高校生をスカウトし始めた時期に先んじていた。例を挙げれば、宮城の東北高校がダルビッシュ有（シカゴ・カブス）を大阪から、北海道の駒大附属苫小牧高校が田中将大（ニューヨーク・ヤンキース）を兵庫県から、青森県の光星学院高校（現・八戸学院光星）が坂本勇人（巨人）を兵庫県から、それぞれ入学させていた。他にも多くの中学生の有望選手に対して、地方の高校がさまざまな特典を用意しながらスカウトしていた。

以上の記述は、都会の有望な中学生が地方の高校に入学する例であるが、逆のケースも、当然のことながらある。例えば大阪桐蔭高校は、日本各地から優れた中学生をスカウトしている。2018年のドラフト会議で指名された大阪桐蔭高校の選手は4名もいるが、そのうち根尾昂（岐阜県飛騨市）、横川凱（滋賀県米原市）、柿木蓮（佐賀県多久市）は大阪府以外の出身であり、地元出身者は藤原恭大（大阪府豊中市出身でオール枚方ボーイズ所属）だけであった。

このように、高校野球界では20〜30年前から、優秀な中学生選手を遠隔地からスカウトする方式が定着しているので、野球の水準に関して地域間の格差は縮小した。かつて、高校野球における有名なフレーズとして、「甲子園の優勝旗は白河の関を越えない」というものがあった。まだ東北地方の高校は甲子園大会で全国優勝していないが、2004（平成16）年に北海道の駒大苫小牧高校が優勝したので、このフレーズは消滅した。

高校生の地域を越えた「野球留学」については、賛否両論がある。野球における中央と地方の格差を縮小するので好ましいとする意見や、優れた選手の技術を伸ばすことを可能にするという賛成意見がある一方で、関係者の間で金銭の授受を伴うとか、他地域から来た高校生が多数を占める学校を素直に応援できない、といった地元からの否定的な意見もある。

これらの問題は簡単に結論を下せないことなので、ここでは、これ以上言及しない。とはいえ、高校、大学ともに、地方にある学校がスポーツ活動において大きな大会で活躍し、中央の学校に堂々と対抗している姿は、沈滞しがちな雰囲気にある地方の人々に活力と希望を与える「効果」を持つことを、評価したい。

4　Jリーグの地方分散

プロサッカーリーグの誕生

日本のサッカーは、戦前から戦後の数十年間まで、アマチュアスポーツの典型として存在していた。学校や企業に属するサッカー部が対抗戦を行うことが伝統だったので、プロ化への動きは、野球と比較するとかなり遅れてからのことであった。

プロサッカーであるJリーグが設立されたのは1991（平成3）年のことなので、戦前にすでに存在していたプロ野球（NPB）とは大きな違いである。

日本のプロサッカーはJリーグと称されるが、誕生してからまだ30年弱しか経過していない。しかしプロ化は成功したといってよく、他のスポーツ、例えばバスケット（Bリーグ）、ラグビー（ジャパンラグビートップリーグ。通称はトップリーグ）などのプロ化あるいはセミプロ化の刺激になっている。

Jリーグ誕生の話題に入る前に、アマチュア時代のサッカーについて簡単に述べておこう。

高校生には地区大会および全国大会があったが、野球の甲子園大会のような人気はなく、地味な存在であった。大学生にも同様の大会があったが、これも高校と同じく、国民の関心は薄かった。

むしろ、高校なり大学なりを卒業した選手が、企業に属するサッカー部に入部して戦う日本サッカーリーグのほうに、多少は高い関心が寄せられた。日本サッカーリーグのチームは、実業団野球の項で述べたのと同様に、企業で働いて俸給を得ながらサッカーに励むという形であり、企業福祉の一環というあり方も実業団野球と同じであった。古河電工、松下電器、三菱自動車、日立、東洋工業（現・マツダ）、ヤンマーディーゼル（現・ヤンマー）、日産自動車といった日本を代表する企業がサッカー部を持っていたが、一つだけユニークなチームが存在していた。それが「読売クラブ」である。読売新聞社と関係は深いが、独立のクラブチームの形をとっていた。

１９８０年代になると、企業チームを中心にしたサッカー界にも新しい動きが見られた。まずはアマチュア組織である限り、ヨーロッパのプロを中心にしたサッカーには人気も実力もかなわない。一方で、ごく一部の選手は、企業やクラブ（読売クラブ）との間でプロ契約のごとき待遇を受けていた。そんな中、プロ野球の成功を横目に見ながら、サッカー界にもプロ化の動きが強くなったのである。そして１９９１年に、旧日本サッカーリーグに所属する企業チームを土台にしてＪリーグが発足し、１９９３（平成５）年から試合を開始した。このあたりの事情については、初代のチェアマンであった川淵三郎（２００９）より知りえた。

企業中心か地域中心か

プロサッカー発足当時に本書のテーマとも関係のある大きな事件が発生したので、それをやや詳しく見ておこう。

それはJリーグに加盟するチーム名に関する争いであった。日本のプロ野球（NPB）は企業が親会社で、プロ球団はその子会社として運営されているので、チーム名には企業名が入っている。例えば、読売ジャイアンツ、埼玉西武ライオンズ、千葉ロッテマリーンズ、といった具合である。親会社の広告・宣伝機関としての役割がある一方で、親会社が球団の財政負担の一翼を担うので、球団経営は安泰であった。

しかしプロ化を目指すJリーグは、チーム名に母体企業の名前をそのまま使用することを認めなかった。例えば、今の浦和レッズや横浜F・マリノスというチーム名は、母体企業名を優先すれば「三菱（自動車）レッズ」や「日産マリノス」という名前にしてもおかしくなかった。この方針は、サッカーチームは企業の広告・宣伝のために存在するのではなく、あくまでも地域に根ざしたヨーロッパ流のクラブチームにする、という思想に基づいていた。

読売クラブもJリーグに加入したが、読売新聞社の実力者であった渡邉恒雄は「読売ヴェルディ」という名前にこだわり、Jリーグチェアマンの川淵三郎と大きな争いになった。しばらくは「読売ヴェルディ」という名称の使用は認められたが、その後FCニッポン、東京ヴェルディと名称の変更を余儀なくされ、結果的に企業名を外すことで結着した。

この争いに関しては、筆者は川淵チェアマンを支持する。支持する理由は、企業がプロスポーツ経営の中心にあるよりも、地域密着のプロスポーツ団体のほうが、地域の人々との相互信頼が高まるし、地元の人々の応援も期待できるからである。企業がオーナーであればプロチームの経営の安泰は期待できるかもしれないが、企業の言いなりになるリスクは無視できない。また、クラブ方式であっても企業の財政支援を受けられるのであり、今でもJリーグのサッカーチームは企業がスポンサーになっていて、選手のユニフォームに企業名を入れたり、広告・宣伝の場をスタジアムでも提供したりしている。しかし、NPBのような一企業がオーナーであるという姿を排除し、地域の住民が主役であるように見えるクラブ型を貫いている。

この地域密着型のJリーグは、後になって、そのメリットをますます活用できるようになった。発足当初は浦和レッドダイヤモンズ、鹿島アントラーズ、ガンバ大阪、サンフレッチェ広島、ジェフユナイテッド市原（現・ジェフユナイテッド市原・千葉）、清水エスパルス、名古屋グランパスエイト、横浜フリューゲルス（当時）、横浜マリノス（現・横浜F・マリノス）、ヴェルディ川崎（現・東京ヴェルディ）の10クラブであったが、1998（平成10）年には18クラブに拡大した。

新規加入は、ベルマーレ平塚（神奈川県）、ジュビロ磐田（静岡県）、セレッソ大阪（大阪府）、柏レイソル（千葉県）、アビスパ福岡（福岡県）、京都パープルサンガ（京都府）、ヴィッセル神戸（兵庫県）、コンサドーレ札幌（北海道）というように、地方都市を本拠地にするクラブが多かった。これこそが、地方に根付いたクラブ方式のプロスポーツの発展に大いに貢献したのである。

発展の極め付けは、Jリーグに加入するクラブが増加の一途をたどり、1999（平成11）年にはJ1とJ2という二つのカテゴリーに分ける制度を採用したことである。J2の加入クラブは、仙台（宮城県）、山形、大宮（埼玉県）、東京、川崎（神奈川県）などであった。大きな規模の都市もあるが、以前よりも小規模の都市が含まれている。

その後も水戸（茨城県）、徳島、草津（群馬県）、愛媛、熊本、岐阜、栃木、新潟、富山、岡山、北九州、鳥取、町田（東京都）、松本（長野県）、長崎など、全部の名前を記さないが、地方都市を本拠地とするクラブのＪリーグへの加入が続いた。数が多くなったので、２０１４（平成26）年には新たにＪ３というカテゴリーを創設した。現状のＪリーグ所属クラブと本拠地は、巻頭のチーム一覧を参照していただきたい。

Ｊ1、Ｊ2、Ｊ3の時代

こうして、現在ではＪ１、Ｊ２、Ｊ３という三つのカテゴリーが存在する大きなスポーツ組織となり、それぞれのカテゴリー内でリーグ戦を行っている。カテゴリー内のメンバーは固定されておらず、Ｊ１とＪ２の間、Ｊ２とＪ３の間で、成績によってメンバーの入れ替えを行う。自動昇格と自動降格、あるいは入れ替え戦のシステムは時期によって異なるので、ここではそれに言及はしない。

しかし、入れ替え戦があることはスポーツ競技にとって重要である。

当然、どのチームも昇格を望み、降格を嫌うため、必死になって試合に勝とうとするので、動機付けとしての入れ替え制度は評価に値する。日本やアメリカのプロ野球ではリーグの構成メンバーが固定されており、入れ替えがない。したがって、たとえリーグで最下位になりそうでも必死さに欠けることがある。一方、ヨーロッパのサッカーには複数のカテゴリー間の入れ替えがあり、日本もヨーロッパを真似て、複数の階級カテゴリー制にしているのである。

当然のことながら、J1には人気チームが多く所属しているし、レベルの高い選手が集まっているので、観客数が一番多い。したがってチームの営業収益も高く、トップの浦和レッズは年間約80億円の収入がある。J1全チームの平均は40億円程度なので、クラブによる収入格差はかなり大きい。収入源としては、広告料収入が一番大きく、次いでホームゲームでの入場料収入である。これはそのクラブチームの人気度に依存するので、Jリーグの繁栄のためには、サッカー人気を全体的に高くすることがもっとも期待されることとなる。

すでにこの節で、Jリーグは地方への拡散策に成功したプロリーグであるとしたが、多くのクラブの財政は、J1であってもそう安定していない。特にJ2やJ3のクラブには財政赤字が深刻なところもある。これへの対策については後に再び検討する。

入場者数から見たJリーグの人気度

最後に、Jリーグの入場者数から、人気度を評価してみよう。二つの視点があって、一つ目はJリーグ全体の見方を、二つ目はクラブチームごとに人気度を見てみよう。

115ページの表2-6は、Jリーグの開催年、1993(平成5)年から2018(平成30)年までの総入場者数を示したものである。当初はJ1だけだったが、開始年はおよそ320万人であり、人気はかなり高かったと理解してよい。そして2年後の1995(平成7)年には620万人まで急上昇し、Jリーグの人気度が沸騰したことがわかる。このころは民放テレビ局の地上波でも競ってJリーグを中継していた。三浦知良(かずよし)や中田英寿(ひでとし)といったスター選手がもてはやされた時期でもあった。この時期は「プロ野球からJリーグへ」というように、野球からサッカーに人気のシフトが起こったと言われた。

ところがリーグ創設当初に特有のブームは一度去ってしまい、その後5~6年は、ピーク時の600万人ほどから300万人ほどまでに入場者数は激減した。しかし2001(平成13)年あたりから人気は回復して400万人ほどにまで戻した。特に重要なのは、J2が1999(平成11)年に新しく設けられ、新しいクラブチームの本拠地で、新しい入場者やサポーターを開拓した効果があったことである。2000年代初期には100万人から200万人の入場者をJ2は集めており、この効果はサッカー人気の高揚に貢献したと率直に評価してよい。

もう一つサッカー人気を高めた理由として、4年ごとに開かれるサッカーワールドカップで、岡田武史監督の下で予選を突破し、1998(平成10)年のフランス大会に出場できたことが大きかった。国中が予選突破の応援に熱中したのであり、いやが上にもサッカー人気が高まり、当然のことながらJリーグもその恩恵を受けた。すでに名前を挙げた中田英寿を筆頭に、中山雅史(まさし)、井原正巳(まさみ)、名波浩、城彰二、川口能活(よしかつ)などの選手がいた時代である。残念ながらフランス大会は予選リーグで敗退したが、ワールドカップの本戦に出場できたことは、日本でのサッカー熱を確実に高めた。

話を入場者数に戻すと、J2の創設が成功して21世紀に入ると、Jリーグの入場者数は

表2-6　Jリーグの年間試合入場者数の推移

年度	J1	J2	J3
1993	3,235,750	-	-
1994	5,173,817	-	-
1995	6,159,691	-	-
1996	3,204,807	-	-
1997	2,755,698	-	-
1998	3,666,496	-	-
1999	2,798,005	827,217	-
2000	2,655,553	1,340,820	-
2001	3,971,415	1,505,722	-
2002	3,928,215	1,806,392	-
2003	4,164,229	2,084,185	-
2004	4,551,695	1,904,172	-
2005	5,742,233	1,975,340	-
2006	5,597,408	1,998,648	-
2007	5,834,081	2,034,543	-
2008	5,875,865	2,227,570	-
2009	5,809,516	2,903,607	-
2010	5,638,894	2,290,082	-
2011	4,833,782	2,440,695	-
2012	5,375,300	2,681,881	-
2013	5,271,047	3,079,181	-
2014	5,275,387	3,043,948	444,966
2015	5,447,602	3,152,545	569,016
2016	5,498,222	3,209,051	709,640
2017	5,778,178	3,219,936	710,621
2018	5,833,538	3,256,416	677,657

(出所)JリーグHP

増加の一途をたどり、２００５（平成17）年あたりから、Ｊ１とＪ２の合計で７００万人を超すようになって、Ｊリーグの人気は定着した。その後も徐々に入場者数を増加させ、２００９（平成21）年には１０００万人にあともう少しまで至った。

表２－６が示すように、２０１４（平成26）年にはＪ３が新しく設けられた。年間で40万人から70万人ほどの入場者数なのでまだ人気度は低い。人口の多くない地方都市での開催ということと、まだ知名度の高くないクラブチームの多いことが響いている。

次に、Ｊリーグに属するクラブチームごとの入場者数を見ておこう。Ｊ１、Ｊ２、Ｊ３別に、２０１８（平成30）年の入場者数の上位と下位のチーム名と、１試合あたりの平均入場者数を表２－７に示す。

この表から、いくつかのことを指摘できる。

第一に、Ｊ１、Ｊ２、Ｊ３の順に、１試合あたりの平均入場者数が１万９０６４人、７０４９人、２４９１人と下降しているが、これはクラブチームが持つ歴史、大都市のクラブチームかそれとも中・小都市のクラブチームなのか、人気の高い選手をどれだけチームに抱えているか、そしてチームそのものの強さなどに依存しており、それがＪ１、Ｊ２、

表2-7　J1、J2、J3のクラブチーム別平均入場者数上位3チームと下位3チーム（2018年）

J１（平均19,064）

上位		下位	
浦和	35,502	湘南	12,120
FC東京	26,432	柏	11,402
名古屋	24,660	長崎	11,225

J２（平均7,049）

上位		下位	
新潟	14,913	金沢	4,528
松本	13,283	愛媛	3,161
千葉	9,858	讃岐	3,073

J３（平均2,491）

上位		下位	
北九州	4,501	盛岡	1,216
鹿児島	4,040	C大阪23	1,112
長野	3,554	YS横浜	1,005

（出所）JリーグHP

Ｊ３の人気度の順位に反映されているのである。

　第二に、同じカテゴリーに属していながら、トップのクラブとボトムのクラブには入場者数にかなりの差がある。Ｊ１であれば、もっとも人気の高い浦和レッズは３万５５０２人であるが、Ｖ・ファーレン長崎は１万１２２５人で、３倍以上の差がある。同様のことはＪ２とＪ３についても当てはまり、同じカテゴリーの中でも人気の高いクラブチームとそうでないクラブチームの入場者数には大きな差があることがわかる。各カテゴリー内のそれぞれのクラブチームの特色、強さ、本拠地の立地や施設のよさなどがこれらの差を生んでいる。

だがその一方で、チーム特有の話題で人気を集めることがある。記憶に残っているのは松本山雅（やまが）FCである。長野県松本市近辺の地方都市を本拠にし、2019（令和元）年シーズンはJ1にいる有力チームだ。もともとは地域リーグである北信越フットボールリーグに所属していたが、Jリーグの有力選手を補強する姿勢を続けて、2011（平成23）年にJ2への加入が認められた。元日本代表選手だった松田直樹の加入と彼の突然死という悲劇も手伝い、マスコミでの扱いも大きかったし、有力選手の獲得も実って、ついに2014（平成26）年にJ1に昇格を果たしたのである。残念ながら1年でJ2に降格したが、2018（平成30）年にJ2で優勝し、J1に復帰した。同年はJ2において第2位の観客動員数を誇っていて、地方都市のクラブチームにとって模範となるような人気の高さは賞賛してよい。

まとめよう。Jリーグは地方都市に本拠地を置くクラブチームが頑張っていて、地方活性化に貢献していることは大いに評価できる。しかし、すべてのクラブチームがうまくいっているわけではなく、赤字で悩むクラブチームも結構ある。対策を含めて、これらの話題は後に詳しく検討する。

5 バスケットBリーグの発足と現状

Bリーグの発足

日本でのバスケットボールは、野球やサッカーと比較するとマイナーなスポーツであることは否定できなかった。オリンピックなどの国際試合に出場できないことが多かったし、諸外国との対外試合においても、野球やサッカーのように、対等ないし肉薄した試合ができることは少なかった。しかも、時折テレビで放映されるNBAで展開される迫力満点のダンクシュートや、華麗で俊敏な動きなどに接すると、日本人の身長や体格ではあのようなプレーはできないだろう、という悲観的な見方に傾く人も多かった。

とはいえ、バスケットボールに熱中する人々も存在した。ただし、それは日本のスポーツ界の伝統通りに、高校、大学などの学生と、企業の持つバスケットボール部による実業団チームだけに限られていた。

しかし、Ｊリーグの成功に刺激され、アメリカにおけるＮＢＡの人気の高さにも影響を受けて、バスケットボール関係者の中に、プロ化を目指す動きが起こるようになった。ただ、その動きは長期間にわたって成功せず、わずかに新潟アルビレックス（現・新潟アルビレックスＢＢ）が２０００（平成12）年に最初のプロチームとして誕生したにすぎなかった。新潟アルビレックスの属するバスケットボール日本リーグ機構（ＪＢＬ・当時）はプロと実業団チームの混合組織であり、プロリーグへの進展には進まなかった。

なぜ実業団チームがプロチーム化しようとしなかったか。その最大の理由は、実業団チームには企業から資金の供給があるので財政が安定しているのに対して、プロ化して試合の入場料や広告料収入だけでチームの財政を賄うようになったとしても、まだ人気の低いバスケットボールの試合で多くの観衆を集めることは期待できないという見通しであった。選手の俸給に関しても、プロチームより実業団チームのほうが高いという事情があったので、選手のほうにもプロ化への希望は薄かった。

ところが、一部のプロ化を目指す人々は、２００５（平成17）年に、すでにプロ化していた新潟アルビレックスや埼玉ブロンコスが中心となって、bjリーグという新しいプロリーグを結成した。当初は仙台89ERS、新潟アルビレックス、埼玉ブロンコス、東京アパッチ、大阪エヴェッサ、大分ヒートデビルズの6チームでのスタートであったが、その後に富山グラウジーズ、高松ファイブアローズ、ライジング福岡、琉球(りゅうきゅう)ゴールデンキングスが加わり、10チームのリーグとなった。ここで賢明な読者は、大都市のチーム（東京、大阪）もあるが、多くは地方都市のチームであることに気付いてほしい。

こうして日本のバスケットボール界は、ＪＢＬとbjリーグという二つのリーグの併存状態になってしまった。しかも、企業から保護のある実業団チームが多いＪＢＬのほうが、プロ化を成し遂げたbjリーグよりも強いという事態が発生していた。プロチームのほうがアマチュアチームより弱いのであれば、ファンはプロチームを応援しないであろう。換言すれば、bjリーグというプロリーグは、日本では早すぎる結成であったし、日本のスポーツを支えてきた実業団の底力を無視したのが命とりであった。

しかも悪いことに、基本方針の異なるＪＢＬとｂｊリーグは、当然のごとく仲が悪かった。それに対して、国際バスケットボール連盟（ＦＩＢＡ）から「日本に二つのリーグが存在するのはおかしい」との批判を受け、日本は国際試合に出場する資格を停止されることとなってしまった。これでは日本のバスケットボールの発展は期待できないということで、二つのリーグは統一を目指すようになった。この調停を行ったのが、初代のＪリーグチェアマンだった川淵三郎である。彼の尽力もあって統一は成功し、２０１６（平成28）年にＢリーグとして開幕した。川淵は初代のＢリーグ会長を務めた。

Ｂリーグの現状と課題

Ｂリーグは現在、36のプロチームからなり、Ｊリーグにならって Ｂ１、Ｂ２と実力に応じたカテゴリーを設けてリーグ戦を行っている（他に、プロアマ混合の「Ｂ３」リーグがある）。

Ｂリーグは、Ｂ１、Ｂ２ともに、東地区、中地区、西地区の三つの地域によって分けられており、地区内での戦いで決まる優秀チームによって、年間チャンピオンを決めるトーナメント方式による試合がシーズン最後に行われる。これはアメリカのプロ野球（MLB）、プロバスケット（NBA）、プロフットボール（NFL）などが採用するチャンピオンシップ方式であり、スポーツの人気を高める手段としてはとても有効な制度である。

Bリーグで重要なことは、チーム名に企業名を入れることは許されず、地域名だけが用いられる点である。この方針はサッカーのJリーグと同じで、地域ないし地方を優先する政策として好ましい決定である。

やや繁雑であるが、B1に所属する18チームが冠する地域名をここに記しておこう。東地区は、千葉、宇都宮、東京、渋谷、秋田、北海道。中地区は、横浜、新潟、富山、三遠（愛知県）、川崎（神奈川県）、三河（愛知県）。西地区は琉球（沖縄）、名古屋、京都、大阪、島根、滋賀と、各地域に分散している。大都市のチームもあるが、地方都市もしっかり名を連ねている。B2になれば、もっと地方都市のウエイトが高くなる。B2を含めた全チームと所在地は、巻頭のチーム一覧を参照していただきたい。

Bリーグはまだスタートしたばかりなので、発展途上にあると言ってよい。とはいえ、現時点で筆者の感じた点をいくつかここで述べておこう。

第一は、観客動員数に関することである。B1の1試合の平均入場者数は約2900人台、多いときで3400人を超すといった程度であり、入場料収入がそう多くないので、クラブチームの経営は安閑としてはいられない。スタート時は物珍しさもあって入場者数は多かったが、最近は停滞気味なので、巻き返し策が必要である。ただし、バスケットにおいては支配下選手の数が野球やサッカーよりはるかに少ないので、多額の人件費を必要としないという利点があることを、ここで付言しておこう。

第二に、ソフトバンクが4年合計で125億円（推定）のスポンサー契約をBリーグと結んだので、リーグの短期的な財政安定は保障されたが、これに頼りきりではよくないので、将来を見据えて他のスポンサー企業についても開拓するなどの策が必要である。

第三に、Bリーグのテレビ中継を見ていると、外国人選手が多いことに気が付く。その比率は野球やサッカーをしのいでいて、そのことを気にする人がいるかもしれない。Bリーグの1チームには10〜15名の選手が所属し、そのうち外国人枠は3名までとされている。しかし、バスケットの試合でコートに立つのは5名なので、3名がフルに近く出場すれば、必然的に「外国人率」が異様に高く見えてしまう。

実は、アメリカのMLBにおいても、アメリカ人選手が減少し、中南米出身選手の比率がどんどん高まっている。また、プロアイスホッケー（NHL）の選手にはカナダ人が多い。ただし、アメリカ人はそれをほとんど気にしない。移民国アメリカならではである。日本に来る、主にアメリカ人のバスケットボール選手は、NBAに所属できなかった選手か、NBAで実力を発揮できなかった選手であろう。そういう外国人選手であっても、力量が日本人よりも上であったら、水準の高い競技を見たい人にとって問題はない。また日本人選手にとっても、外国人選手とプレーすることによって技量が上がるというメリットがある。

なお、ヨーロッパのプロサッカーリーグでも、EU諸国出身の選手に制限はないが、非EU国出身の選手登録には制限を設けている国があるので、日本のバスケットボールが3名という枠を持っていること自体は不自然ではない。

日本のプロバスケットボール界は、まだ収入が少ないので高い俸給を支払えない。したがって、NBAレベルの選手を呼ぶことはできないだろうが、今のように、日本人よりも少し高い程度の俸給で戦力になる外国人選手を雇用できるのなら、1チーム3名以内という外国人枠は、現時点では妥当であろう。

第四に、日本のプロバスケットボール界は、野球とサッカーに次ぐ位置にまで、プロリーグを発展させようと願っているようである。これは実に頼もしい希望であり、そういう時期の到来を期待している。しかし、スポーツ界の競争は激しく、常に他の競技と人気度を競っている。その点で、身体が小さくとも国際的に高い水準で競うことのできる体操や卓球と比較して、バスケットボールには無視できないハンディがある。それは国際的に見た場合の身長差、体格差である。野球やサッカーにも多少はあるが、技量でそれをカバーできる。だが、バスケットボールの場合は簡単ではない。

もっとも、日本人の体格も年々よくなっているので、いずれアメリカのバスケットボール選手と互角に戦える時期が来るであろう。香川県出身で身長２０６㎝の渡邊雄太はメンフィス・グリズリーズと契約し、２０１８（平成30）年10月27日の対フェニックス・サンズ戦に出場して、田臥勇太に次ぐ日本人2人目のＮＢＡ選手となった。２０１９（令和元）年のＮＢＡドラフトでは、富山県出身の八村塁（ゴンザガ大学）がワシントン・ウィザーズに1位指名され入団した。彼らに続く選手が、これからＢリーグ経由で出てくるかもしれない。

6　アイスホッケー・アジアリーグ

「ローカル」と「グローバル」を併せ持つリーグ

アイスホッケーのアジアリーグは、2003（平成15）年に開幕したリーグであり、日本、韓国、ロシアの3カ国のチームが所属している。人気度の高い野球やサッカーがまだ「国際的なリーグ」を組織していないところに、それをいち早く実現したことは賞賛されてよい。

2019（令和元）年時点では、日本4チーム（H.C.栃木日光アイスバックス、ひがし北海道〈旧・日本製紙〉クレインズ、王子イーグルス、東北フリーブレイズ）、韓国2チーム、ロシア1チームの合計7チームが所属している。日本のチームの名称と本拠地は巻頭のチーム一覧に示した。なお、日本製紙クレインズは本社の製紙業の経営不振により

２０１９年から脱退と報道されたが、札幌の企業が引き受けて「ひがし北海道クレインズ」として存続した。

日本のアイスホッケーは、釧路市の日本製紙クレインズに代表されたように、実業団に所属する部活動か、企業の１００％出資によるクラブチームによって運営されていた。ひと昔前の野球、サッカー、バスケットボールなどと同様にプロ組織ではなく、実業団チームが、企業福祉の一環としてアイスホッケーを行っていたのである。有名なチームとしては、十條製紙、古河電工、西武、コクドなどがあった。

だが日本経済の低成長下で、野球、サッカー、バスケットボールと同様に、企業経営の本業が苦しくなって廃部やプロ化に進む。王子製紙と日本製紙（旧・十條製紙）はなんとか企業の部活動として存続したが、古河電工は廃部に至る。この古河電工チームを土台にして、プロのアイスホッケーチーム、H.C.栃木日光アイスバックスが１９９９（平成11）年に新しく誕生した。

もう一つの新設チームは、東北フリーブレイズである。本社は福島県郡山市に、本拠地は青森県八戸市にある。このチームも基本はプロの形態をとっているが、選手はプロの報酬だけではなく、スポンサー企業で働きながら賃金を受け取っているので、従来の実業団チームの顔も有している。これらのアイスホッケーチームの運営方式を知るにつけ、日本でアイスホッケーを安定したスポーツ組織にするには困難が多いことがわかる。

なお2019年2月に、「日本はアジアリーグから脱退して国内リーグの結成に向かう」と報道されたが、確定ではなく事態は流動的である。3カ国の移動に時間と費用がかかるというのが主たる理由であるが、「ローカル」と「グローバル」を併せ持つ非常にユニークなリーグであるだけに、種々の困難を克服してもらいたい。

第3章　プロスポーツが「地方都市」で繁栄する効果

1　スポーツ繁栄の一般的効果

競技場や施設の建設による効果

スポーツはプロの世界とアマチュアの世界に大きく区別される。本書の主たる関心はプロであるが、それを議論する前に、スポーツ全体が栄えることによる効果、特に経済効果について議論しておこう。

スポーツは個人競技、団体競技を問わず運動能力を選手が競い、勝者と敗者、あるいはそれに伴う順位付けを行うものである。アマチュア競技は観衆なしで行われることも、観衆を入れて入場料を徴収することもある。プロ競技は入場料を徴収して観衆の前で競技を行い、選手は入場料、広告・宣伝料、メディアからの収入などを財源として経営を行うプロ組織から報酬を受け取るのである。

プロ競技にまつわる活動を、スポーツビジネス、あるいはスポーツ産業と称することも可能である。ただし、アマチュアであってもプロと同じ競技を行っているので、そこにもスポーツビジネスと同様の効果が発生することを知ってほしい。例えば、野球場やサッカー場などの競技場はプロもアマも同様に使用するし、競技に用いる道具（野球であればボール、グローブ、ユニフォームなど）は共通である。入場料を払うか払わないかの違いはあるが、競技を観にくる人の存在もプロ、アマ共通である。これらがプロ、アマ共通の経済効果を生むことについて考えてみよう。

一つ目は、スポーツ競技場や施設である。これらの建設はまさに経済活動であり、建設関係ビジネスの増加を生み、地元の経済活性化と雇用の増加に大きく貢献する。東京オリンピックは東京近辺の建築業者だけが主として潤うが、地方開催の大会であれば、その土地の経済が潤うのである。

地方開催の例を挙げておこう。それは2002（平成14）年のサッカーワールドカップ日韓共催大会である。開催地は北から札幌、宮城、鹿嶋（茨城県）、新潟、さいたま、横浜、静岡、長居（大阪府）、神戸、大分の各地であった。これらの会場はすべてが2002年の開催に向けて新設されたわけではないが、新設された競技場については、それぞれ

230億～420億円の費用が投入され、地元の経済活性化に貢献したのである。

とはいえ、大会終了後にこれらの競技場をどう使用するかは大きな課題であった。使用頻度が激減してしまうような競技場であれば、宝の持ち腐れとなり、初期投資を回収できなくなってしまう。これに関しては、事後利用がうまく進んだ会場とそうでない会場が、かなり明確になった。

例えば、札幌ドームはJリーグのコンサドーレ札幌に加えて、札幌に移転したプロ野球の日本ハムファイターズの本拠地となったので、もっとも事後利用がうまく進んだ例である（ただし日本ハムは、札幌近郊の北広島市に建設される新球場へ2023年から移転することを表明している）。鹿嶋、新潟、さいたま、神戸、大分などのスタジアムも、地元のプロサッカーチームの本拠地になったので、ある程度の事後利用は進んだ。しかし、チームの観客動員数に差があって、その収支にはばらつきがある。

ワールドカップの決勝戦が行われた横浜国際総合競技場は、7万人収容の大きな施設である。Jリーグの横浜F・マリノスの本拠地であるが、日産自動車が命名権を獲得し、今は「日産スタジアム」と呼ばれている。そういったスポンサー収入はあるが、大きな競技場なので維持費の負担は大きく、施設を満員にするようなイベントを頻繁に開催できるわけでもない。費用を回収できたかと問われれば疑問符はつく。

このように記述してくると、大きなイベントに伴うスタジアムの新規建設は、当初は地元の経済に好影響を与えるが、事後利用をどううまく進めるかが鍵となる。特にサッカー場に関しては、Ｊリーグの人気をさらに高めて、各チームが入場者数をより増加させることが必要である。

２０１９（令和元）年に日本で開催されるラグビーワールドカップは、オリンピック、サッカーワールドカップと並び称される世界的イベントであるが、ラグビーは、サッカーのように全世界で人気があるとは言えない。ヨーロッパ、オセアニア、南アフリカ、南米などで盛んな競技である。

日本大会の競技場は、サッカーワールドカップと同様、全国に拡散しているので、地方にとっては絶好の機会である。競技会場を挙げれば、札幌、豊田（愛知県）、釜石（岩手県）、神戸、福岡、大分、熊本などである。競技場は主としてサッカー場として使用されていた会場を利用するため、新しく建設する必要はほとんどなかった。その点では地元の建築業者を潤すことにはならなかったが、費用の節約という点からは評価できる。サッカーとラグビーは同じ競技場を利用できるメリットを活かせたのである。

ただ、一つだけ特記すべき会場がある。それは釜石である。人口3万5000人の小都市であるが、二つの事実が開催を後押しした。第一は、かつて釜石には新日鉄釜石という社会人ラグビーの強豪チームが存在したことである。新日鉄釜石ラグビー部は、1979（昭和54）年から85（昭和60）年にかけて、ラグビー日本選手権を7連覇する黄金時代を築いた。その後、親会社の事業見直しによりラグビー部は解散したが、2001（平成13）年に地域クラブの釜石シーウェイブスとして再出発した。釜石は伝統的にラグビー熱の高い地域なのである。

第二は、2011（平成23）年の東日本大震災で大きな被害を受けたことである。ワールドカップの開催は町の復興を促し、かつ住民に元気を与える意味があった。

スポーツから派生する経済効果は多様である

スポーツビジネスの二つ目の効果は、競技を行う選手と競技を観にくる人が、特定の地域に一定期間集まることで発生する効果である。入場料収入、宿泊費・交通費・消費財などの支出、会場などで働く人の人件費やそれに派生する商品需要の増加などがあり、これらはかなりの額に達する。ＥＹ総合研究所（新日本有限責任監査法人の研究所）が試算したところによると、２０１９（令和元）年のラグビーワールドカップ日本大会の経済効果は４２００億円に達するとされる。

また、無視されがちなことであるが、オリンピックやワールドカップに出場する選手たちは、開幕する前にその国にやってきて、トレーニングを兼ねた合宿を行うし、大会期間中もその地に滞在することが多い。これに伴う経済効果も小さくない。特に地方でキャンプを行うことが多いので、該当する地方には経済効果の福音をもたらす。

三つ目の効果は、スポーツを行うに際して選手が用いるユニフォームや靴、運動用具、トレーニング用機器などの製造と販売から生じる効果である。これは競技を行う選手ばかりではなく、一般の人が自己の趣味や体力増強のために行う際にも必要なのであり、かなりの額に達する。新日本有限責任監査法人（２０１６）によると、２０１３（平成25）年において、その市場規模はおよそ1兆３３００億円と計算されており、スポーツビジネスの大きな分野の一つとなっている。

四つ目の効果は、一般の人が趣味で利用するゴルフ場、テニスクラブ、スイミングクラブ、フィットネスクラブ、野球のバッティングセンター、といったスポーツサービスの提供から生じる効果である。これらは、国民の間でどれほどスポーツが生活の中に浸透しているかに依存する。地元地域にプロスポーツチームが存在したり、地元で大きなスポーツイベントが開催されたりすれば、スポーツの生活への浸透度が高まることは論を俟たない。健康のための運動やスポーツが奨励される時代でもあり、今後に期待できる分野である。前掲書によると、市場規模は1兆8600億円と計算されている。

五つ目の効果は、国内において半ば日常的に開催されているスポーツイベントによる効果である。プロ野球、サッカー、バスケットボール、大相撲などのスポーツ興行、国民体育大会や学校対抗の大会などのようなアマチュア部門も含めた、恒常的なスポーツイベントに伴う経済効果である。さらに、これらを報道する新聞、書籍、テレビ、インターネットなどのスポーツジャーナリズムもスポーツ関連の経済活動と考えてよい。実は、このビジネスがもっとも経済効果が大きく、前掲書によると2兆3700億円の市場規模と計算されていて、もっとも大きな額になっている。

2　コミュニティ活性化の事例

地方都市を本拠地とするプロスポーツチームの中で、試合の入場者を多く集め、地元企業の多くがスポンサーとなってチームの財政を支援し、地元のメディアも積極的に報道活動を行い、その結果、地域に密着して成功したチームがある。いくつかの例を紹介しておこう。

琉球ゴールデンキングス

プロ化されたのが比較的遅いBリーグに属する、沖縄県のバスケットボールチームを紹介しておこう。それは琉球ゴールデンキングスである。日本の最南端にある沖縄県での成功は特筆に値するので、ここで最初に紹介したい。このチームに関しては、木村（２００９）を参照した。

琉球ゴールデンキングスは、２００７（平成19）年に当時のｂｊリーグに加入した。当然のことながら、沖縄県では最初のプロスポーツチームである。なぜ沖縄でバスケットボールかといえば、アメリカ軍の影響があると思われる。アメリカはバスケットボール発祥の地であるし、どの国よりも人気が高い。兵士として沖縄に駐留していたアメリカ人とその家族がバスケットボールに興じているのを見慣れていた沖縄の人々、特に子どもがバスケットボールに親しむ雰囲気が強かったのである。

ここで重要な人物がいる。木村達郎である。沖縄生まれではなく東京の人であるが、学生時代にバスケットボールの選手で、アメリカ留学の経験もある。彼はアメリカのバスケットボール人気に刺激されて、プロのバスケットボールチームをつくることに本格的に取り組んだ。その本拠地を、東京から遠く離れた沖縄に置いた目の付け所が鋭い。現在はチームの所有会社の代表取締役社長である。

ｂｊリーグの１試合あたりの入場者数が平均で１５００人程度だったところに、このチームは３０００人以上を集めた。すでに述べたように、沖縄の人々には伝統的にバスケットボールへの関心が高かったことが幸いしたと判断してよい。さらにｂｊリーグの初期には沖縄県出身の選手を多く採用したし、アメリカ人選手を積極的に加入させる作戦も成功した。設立当初は成績不振であったが、bjリーグでは9シーズンのうち4回の優勝という実力チームに成長した。そしてBリーグにおいても、西地区で2位、1位という好成績を示したので、プロバスケットボール界の盟主と称してよいほどの名門チームに育ったと言ってよい。

2018－19年シーズンの選手を一覧すると、15名の選手中3名がアメリカ人（うち1名は故障者リスト）、1名がカナダ人、1名がアメリカ国籍から帰化した人である。前述したように、大なり小なり日本のバスケットチームは多くの外国人を抱えているので、琉球だけが例外ではない。むしろ、琉球の一つの悩みは、沖縄県出身ではない日本人プレーヤーの中に「本土のチームに戻りたい」という選手が時折いることであるようだ。

琉球ゴールデンキングスの強みは、多くの熱心な観衆がいるだけでなく、地元企業がスポンサーとして強い支援をしていることである。沖縄のプロチームは他にサッカーJ2のFC琉球がある程度で、人気を奪い合うライバルが少ないことも幸いしているかもしれない。あるいは、琉球ゴールデンキングスとFC琉球が協同して、沖縄のプロスポーツの振興に努める取り組みができるのではないかとすら思われる。

2020（令和2）年には沖縄市に多目的アリーナが完成予定である。スポーツのみならず、コンサートなどの文化活動も行える1万人収容のアリーナであり、琉球ゴールデンキングスもここを会場にして試合ができるので、入場者数の増加が期待できる。工事費総計でおよそ158億円の投資なので、地元建設業者への効果も大きいと思われる。

サガン鳥栖（とす）

琉球ゴールデンキングスと同じ九州地区であるが、Jリーグ全チームのホームタウンの中で最小の人口（およそ7万4000人）の佐賀県鳥栖市をホームタウンとするサガン鳥栖を取り上げる。まさに、地方の小都市代表のプロサッカーチームなのである。

このチームの歴史を振り返れば、前身は1987（昭和62）年に創設された「PJMフューチャーズ」というプロチームであるが、当初の準備不足もあって解散に追い込まれた。1997（平成9）年に再建されたが、大手のスポンサーに頼らず数多くの中小スポンサーの下でチーム経営を行い、それが経営難を招いて数年間は混乱が続いた。なんとか難局を乗り越えたが、ゴタゴタは解消せず、チームの成績も低迷し、存続すら危ぶまれた時期もあった。小都市におけるプロチームの経営は、1人ないし1社の大口オーナーによるほうが、逆に安定をもたらすかもしれないという例である。

有力選手は大都市の名門チームに所属したがる風潮もあって、なかなか強いチームになれなかったが、2011（平成23）年にはJ2からJ1に昇格を決め、2019（令和元）年現在までJ1の位置を保持している。フォワードの豊田陽平は日本代表に選出され、最近では、スペイン人のスター選手、フェルナンド・トーレスのスカウトに成功して話題をさらった（残念ながらトーレスは2019年限りで引退することを発表した）。

人口7万人ほどの小都市でプロサッカーチームが存続できたのは、奇跡に近いものがある。しかし冷静に評価すれば、鳥栖という都市の立地条件のよさが背景にある。これを見逃さずに鳥栖にプロチームをつくった人たちに先見の明があった。具体的には、鳥栖は九州縦貫自動車道（鹿児島線）と九州横断自動車道（長崎大分線）が交わる場所であり、JR鹿児島本線と長崎本線の分岐点でもある。つまり、九州の東西南北からアクセスできる交通の要所であり、すなわち、人々が集まりやすい場所なのである。近くには県庁所在地の佐賀市があるし、JRで30分程度の圏内に大都市の福岡市がある。近隣には大牟田市などの中都市もあり、これらに住む人々はサガン鳥栖の試合会場（JR鳥栖駅の目の前にある）に容易に行くことができる。また工業、商業の発達した地域でもあるので、スポンサー企業候補も豊富である。

なお、2019（平成31）年2月に、本拠地である鳥栖スタジアムの名称が「駅前不動産スタジアム（愛称は駅スタ）」と変更になったと発表された。不動産会社が新しく命名権を獲得したからである。企業名が「駅前不動産ホールディングス」なので自然なスタジアム名ではあるが、これまで不動産会社という業種がスポーツ界にさほど関与してこなかっただけに、意外な思いをする人もいるかもしれない。

中津江村

同じ九州における、地方でのスポーツ活動における話題を一つ述べておこう。それは、2002（平成14）年のサッカーワールドカップ日韓共催大会において、大分県の中津江村（当時。2005〈平成17〉年に日田市に編入合併）が、カメルーンチームのキャンプ地となったことから始まった。

人口わずか1000人余りの小さな村に代表チームが訪れることになり、マスコミで大きく報道された。村民あげてカメルーンの試合を応援し（残念ながらカメルーンは3戦全敗で予選リーグ敗退）、村民と選手がいろいろな場所で交流の機会を持ったことが報道されたのである。小さな村が日本のみならず、世界で話題となった。

中津江村とカメルーン代表は、スポーツが地域の人々に誇りと活気を与え、かつ地域の経済発展に寄与するよい例となった。その後、中津江村はサッカーを中心にしたプロ・アマのスポーツチームの合宿所として使用されるようになったのである。サガン鳥栖も、キャンプ地として中津江村に来たことがあるという。

3　J3から見る地域スポーツの現状と課題

J3の概要

前述のように、プロサッカーのJリーグには三つのカテゴリーがあって、実力順にJ1、J2、J3である。ここでJ3について取り上げ、その意義がどこにあるかを考えてみたい。

J3は2014（平成26）年に発足したので、その歴史はまだ新しい。それ以前からJFL（日本フットボールリーグ）という組織があり、大学や企業、そして地域に存在するアマチュアチームを中心にしていた。JFLのうち、いくつかのクラブがJ3に加入しており、ここに一つの特色がある。すなわち、アマチュアチームがJ3に入ったのである。

本来なら、その時点で所属選手とプロ契約を結ぶべきだと思われるが、新しくJ3に加入したクラブには、選手全員とプロ契約を結ぶだけの財政的余裕はない。そのため、J3加

表3-1　J3のクラブチーム一覧

クラブ名	Jリーグ加盟年	J3在籍年
ヴァンラーレ八戸	2019	2019—
いわてグルージャ盛岡	2014	2014—
ブラウブリッツ秋田	2014	2014—
福島ユナイテッドFC	2014	2014—
ザスパクサツ群馬	2005	2018—
Y.S.C.C.横浜	2014	2014—
SC相模原	2014	2014—
AC長野パルセイロ	2014	2014—
カターレ富山	2009	2015—
藤枝MYFC	2014	2014—
アスルクラロ沼津	2017	2017—
ガイナーレ鳥取	2011	2014—
カマタマーレ讃岐	2014	2019—
ギラヴァンツ北九州	2010	2017—
ロアッソ熊本	2008	2019—
FC東京U-23	—	2016—
ガンバ大阪U-23	—	2016—
セレッソ大阪U-23	—	2016—

(出所)JリーグHP

盟の条件となる「Ｊ３クラブライセンス交付規則」では、「プロ契約選手は１チーム３人以上」とされている。言い方を変えれば、プロ契約選手が３人いれば、他の選手はアマチュアでもＯＫなのである。ちなみにＪ２では５人以上がプロ契約と定められているが、現在では、ほとんどのＪ２選手はプロである。

以上述べたことから、Ｊ３のクラブはセミプロのチームとみなすのがより自然である。

表３-１が、Ｊ３のクラブチ

ームである（2019〈令和元〉年時点）。多くは、さまざまな地域に本拠地を置く独立のクラブであるが、中には、J1クラブの下部チーム（23歳以下）もある。本書の関心はJ1の下部チームではなく、各地域の独立チームにある。

八戸、盛岡、秋田、福島……というように、各地域ないし県の中核都市の名前を冠して、15クラブ（ほか三つはJ1クラブの下部チーム）が存在している。ここで「地域」という言葉を使っているのが重要で、例えば、ヴァンラーレ八戸は青森県八戸市が本拠地のように思われるかもしれないが、周辺の市町村、具体的には十和田市、三沢市、三戸町、五戸町などもホームタウンに含まれる。八戸市だけではなく、周辺の市町村もヴァンラーレ八戸のサポーターであるとの宣言であり、広い地域に住む人の支援を期待しているという宣言でもある。

「J3ライセンス」によれば、ホームスタジアムの収容人数は原則5000人以上、U-18、U-15、U-12などの若年層の下部組織ないし育成組織を最低一つ持つ、組織は公益法人、株式会社、NPO（特定非営利活動法人）のいずれでもよい——などとされている。

これらをまとめて評価すると、J1のように規定の厳しい（収容人数や財務、施設などの要件）ライセンスではなく、門戸を広げるための配慮がなされている。

いわてグルージャ盛岡

Ｊ３クラブの一つの例として、いわてグルージャ盛岡を見てみよう。

歴史をたどれば、岩手県盛岡市の高校サッカー部ＯＢがなんとかしてサッカーを続けたいという思いで創設した「ヴィラノーバ盛岡」が起源であり、後に「グルージャ盛岡」と改名した。２００３（平成15）年には東北社会人リーグの2部に属していたが、その後、強くなって1部に昇格し、２０１３（平成25）年にはＪリーグの準加盟チームとなる。そして、翌年にＪ３のチームとしてスタートした。

組織は株式会社である。スタジアムは盛岡市にあり、５０００人ほどの収容が可能なので、「Ｊ３ライセンス」の要件は満たしている。そして、旧名の「グルージャ盛岡」に「いわて」を加えた。大きな目的は、盛岡市だけでなく岩手県の全市町村がホームタウンであることを明確にする点にあった。さらに、盛岡市のホームグラウンドは、地元銀行の岩手銀行が命名権を獲得して「いわぎんスタジアム」とされている。

こうしたさまざまな対策がうまく進んで、いわてグルージャ盛岡は、地方のプロサッカークラブとしてＪ３に定着することになったが、観客動員数で見ると芳しくない結果が出ている。２０１６（平成28）年は総計１万７８１６人の入場者であり、全チーム（Ｊ１、Ｊ２、Ｊ３）の中でかなり低いほうであった。１試合あたりの平均だと１０００人前後である。スタジアムの収容人数に対する比率では20％前後とそう悪くないが、総人数がこれだけ少なければ、赤字は必至である。実際、いわてグルージャ盛岡の財務報告を見ると、営業収支は赤字である。２０１７（平成29）年は１試合平均１３３７人の入場者数で少し増加したが、それでもＪ３の中では17チームのうち下から４番目の低位置にある。Ｊ３での成績は２０１６年が13位、17年が15位、18年が13位と低迷しており、戦力面での打開策とともに、地元企業のスポンサー支援などによる強化策が必要と思われる。

Ｊリーグの赤字体質の解消に向けて

Ｊ３のみならず、Ｊリーグの多くのクラブは赤字体質に悩んでいる。人気が高く、かつ実力を備えたＪ１であっても、いくつかのクラブが赤字であり、Ｊ２、Ｊ３となれば赤字に悩むクラブ数はさらに増加する。その理由と対策を考えてみよう。

その前にJリーグ（J1）の財政状況、特に収入と支出の構造を簡単に見ておこう。Jリーグのホームページをもとに収支構造を筆者が解説する。

まず収入面に注目すると、45％が広告料収入であり、もっとも重要なソースになっている。ユニフォームの企業名広告、試合会場における広告料などである。次いで入場料収入が17％強であり、予想よりは低い比率である。残りは、Jリーグ本体から配分される資金、アカデミー（子どもや若手を指導する）からの収入、さまざまなグッズを販売することによる収入などである。その他収入が少し多いが、スポンサーからの収入などを含んでいる。なお、テレビ放映権料については、2017年からJリーグがイギリスのパフォーム・グループ社のDAZN（ダ・ゾーン）と放映権契約を結び、10年間におよそ2100億円を受領することとなった。各チームに配分される資金なので、チームが潤うことは確実である。

支出面に注目すると、45％が選手の人件費であり、最大比率となっている。有名選手の多いJ1ではこの支出が多くなるのは当然であり、J2、J3と下部になるにつれて少なくなる。Ｊ３の場合はプロ契約している選手ばかりではないので、人件費はかなり少なくてよい。しかし、Ｊリーグの中でもっとも赤字の目立つのはＪ３なのである。広告料収入や入場料収入が少ないためである。

筆者が気になるのは、広告料収入の比率が突出しており、逆に、入場料収入の比率が意外と低い点である。営業という点からすると、広告料収入への依存度が高すぎることは、本業（サッカーの試合）よりも広告取りという副業に力を注ぐことになりはしないか。もっと、全体の構造の中で入場料収入の比率を増やすべく、本業に注力すべきではないかと感じる。すでに１１５ページの表２－６で見たように、Ｊ１、Ｊ２、Ｊ３とも、ここ数年は入場者数が増加している好ましい傾向にあるので、さらなる努力に期待がかかる。

入場料収入を増やす方法としては、入場料金の値上げ策もありうるが、むやみに料金を上げては逆効果である。

余談ではあるが筆者がイギリス滞在中に見聞したことを、一つだけ記しておこう。イギリスのプレミアリーグの入場料金は、昔は低価格であったが、今はかなり値上げされて、普通のファンが頻繁に試合会場に行けなくなった。かつては労働者階級の楽しみとして、試合場でビールを飲んで騒ぎながら観戦するというスタイルが定番であったが、入場料金の高騰によって、会場の雰囲気が上品になったのである。その結果、庶民階級の娯楽というよりも、中・上流階級の人が集うイベントになってしまった。

料金を上げずに入場料収入を増やす別の策は、今のような週に2回の試合を3〜4回に増やして試合頻度をプロ野球に近づけ、総試合数を増加させることである。しかし、選手の体力を考えたら難しいだろう。そこで、素人ながら一つの案を示したい。一つのクラブで抱える選手数をもう少しだけ増やし、交代要員を確保して、選手1人あたりの出場数を今の水準にしながら試合数増加に対応するという案である。ただし、この案だと今の選手数を増加させねばならないので、資金的に困難かもしれない。さらに選手数増加による質の低下もあるかもしれない。せいぜい週に3回への増加が限度であろう。

Jリーグのチームとして認められるには、スタジアムなどの要件を満たしてからライセンスを取る必要がある。例えば座席数、天然芝であること、あるいは、トイレの数まで条件が課せられている。これらを批判するつもりはないが、天然芝の保持には相当のコストがかかるとされる。選手のケガ防止や見た目の美しさを考えれば天然芝にこしたことはないが、J3であれば収入も少ないので、多少の規制緩和はあってよいかもしれない。

4　市民球団というあり方

本書の主たる関心は、プロ野球、Jリーグ、Bリーグといったように、プロ組織が球技団体を保有するスポーツを分析し、議論することにあった。現在では、株式会社形態の組織がスポーツチームを持つことがほとんどである。ところが、株式会社形態であっても、株主が市民であったり、その市にある企業に限定されたりするプロチームもある。この形態を論じるのが本節での目的である。

グリーンベイ・パッカーズ

アメリカ・ウィスコンシン州のグリーンベイに本拠を置くプロのアメリカン・フットボールチームである。

グリーンベイは、ウィスコンシン州の最大都市であるミルウォーキーから北におよそ1

80㎞も離れたところにあり、人口はわずか10万人ほどの小都市である。このような小都市が、アメリカでもっとも人気の高いアメフトのプロチームを持てるのは、とても珍しいことである。筆者は、テレビ観戦ではあるが、雪の降るスタジアムで戦うパッカーズの試合を何度も観た。収容人数8万人の巨大スタジアムが常にほぼ満員というから、いかに地元に支えられているチームであるかを物語っている。しかもチームは強豪であり、過去、スーパーボウルを4回制している。

アメリカにおけるプロスポーツ会社のオーナーは企業か大富豪が普通であるのに対して、このチームの最大の特色は、一般市民が株主という点にある。不思議なことに、株式会社なのに配当はなく、株の転売もできず、株主は、ただ名誉のためだけに株主になっているのである。

アメリカのプロチームの富豪オーナーの中には、時折、ワンマンで好き勝手なことをして話題になる人がいるが（その典型が、かつてニューヨーク・ヤンキースのオーナーだったジョージ・スタインブレナーである）、そういうオーナーとは無縁の市民チームという事実が、グリーンベイ・パッカーズの人気の一因にもなっているのではないだろうか。弱肉強食の資本主義社会の盟主アメリカにおいて、このチームは、不思議でユニークな存在なのである。

広島東洋カープ

公式球団名に「東洋」という文字が入っているので、東洋工業が親会社のような印象を与えるが、他のNPB球団のように親会社がすべて（あるいは大半）の株を保有する子会社ではない。マツダが保有する球団の株は全体の34％にすぎない。マツダという企業は広島カープを子会社とは認識しておらず、むしろ、マツダの創業者一族である松田家がそれぞれの個人名義で球団の株を持っていて、「名目オーナー」のようなポジションにある。

これは、カープの歴史をたどれば明確になる。チームは、1950（昭和25）年に、親会社を持たない市民球団としてスタートした。広島は高校野球を中心にもともと野球の盛んな地域だったので、プロ球団設立の声はあったが、東京や大阪のようにプロ球団を持てるような財政的余裕のある企業は存在しなかった。だが地元の熱意によって、NPBが二つのリーグに分立した年に、新球団としてセ・リーグに加盟したのである。

弱い球団を支えるために広島市民がさまざまな募金活動を行い、独自の後援会システムなどで広く薄く資金を集めた。また、いくつかの地元企業の支援もあったので、市民球団としてなんとか存続していた経緯がある。

そういった状況を立て直すべく、東洋工業が１９６８（昭和43）年に筆頭株主となり、徐々に、チームは強くなる方向に進んだ。そして、古葉竹識監督の下、山本浩二、衣笠祥雄らの活躍で、１９７５（昭和50）年にセ・リーグ初優勝を飾ったのである。「赤ヘル旋風」の吹き荒れた年であった。

その後、広島カープの球団経営はほぼ順調に進み、２００９（平成21）年には現在のMAZDA Zoom-Zoom スタジアム広島（マツダスタジアム）に本拠地を移した。建設には広島県、広島市も財政負担したので、市民球場の特色を今でも有している。

創設当初とは違い、カープは、前述のグリーンベイ・パッカーズのような「純粋な市民球団」ではなくなったが、他のＮＰＢ球団のような「特定企業の子会社」としてある構造との違いは今でも継続しており、それによって「市民球団的な色合い」を保持し、地元の熱狂的なファンを球場へ集め続けているのである。

VONDS市原FC

首都圏のクラブではあるが、地方のクラブとしての顔も有しているので、ここで取り上げる。千葉県市原市民と、市原市にある企業の資金提供によって成り立っているサッカーチームであり、地元密着という特色を前面に打ち出している。株主は法人288社、個人283名に及び、まさに地元色豊かなチームである。

なぜ、地方都市の市原でサッカー熱が高いかと言えば、もちろん、Jリーグのジェフ市原のホームタウンだったからである。

ジェフ市原の前身は実業団の名門であった古河電工で、その伝統を引き継いだチームの人気は高かった。ただ、ジェフ市原は2003（平成15）年からホームタウンを千葉市と市原市の2都市にし、チーム名も「ジェフユナイテッド市原・千葉」と変更したので、市原市の比重低下は避けられなくなった。チームも2009（平成21）年シーズンでJ1からJ2に降格してしまった。

こうした経緯があったことから、地元の人々を中心として、2011（平成23）年に、

「ＶＯＮＤＳ市原ＦＣ」を市民クラブとして創設したのである。当初は千葉県社会人サッカーリーグに所属し、現在は昇格を果たして関東サッカーリーグに所属しているが、将来的にはＪＦＬ、Ｊ３、Ｊ２、そしてＪ１への昇格までを目標として掲げている。

全国すべての地方チームが、ＶＯＮＤＳ市原ＦＣのように順調に進むとは限らない。市原市は人口28万人を擁する中規模都市であるし、東京圏にあるので種々の外部経済効果がある。とはいえ、地方都市においてスポーツを契機とした経済活性化を図るプロジェクトを立ち上げる際の、貴重な参考になるだろう。

第4章　地域のライバル意識による「ダービー・マッチ」

地方におけるプロスポーツの繁栄が、経済活性化をはじめ、人々の満足度なり幸福度を高めると主張する本書において、これに関連したもう一つの話題は、時には「○○ダービー」と称される、同じ地域、ないし近い地域にあるライバル同士の争いである。

これが存在することによって、地元の人々の愛着感が異様に盛り上がり、ひいては地域の活性化にもつながっている。そこで、日本を含めた世界各地のケースをいくつか取り上げてみたい。スポーツだけのことではなく、背後にある社会、経済のライバル意識にも注意を払いたい。これが結構重要なのである。

なお、もともと「ダービー」はイギリスに古くからある競馬のレースを指す言葉である。イギリスでもっとも権威を誇った競馬レースは、その後、世界各国に普及して、ケンタッキー・ダービー（アメリカ）、日本ダービーなどが各国で行われている。

この言葉が競馬以外にも用いられるようになり、今では、主として二つの特徴的なライバルチームの争いを称して「○○ダービー」ということが多い。場合によっては、三つ以上のチームの争いも含まれる。

1　メジャーリーグの「ダービー」

ニューヨーク・ヤンキースとボストン・レッドソックス

メジャーリーグのアメリカン・リーグ東地区に属するこの二つのチームの争いは、100年以上も続いており、両者はメジャーリーグを代表するライバル関係にある。

よく知られているように、この2チームのライバル関係は、1920年に、レッドソックスにいたベーブ・ルースがヤンキースに移籍したときに発生した。これ以来、レッドソックスはワールドシリーズに勝つことができずにいたので、80年以上にわたって「ベーブ・ルースの呪い」と称されてきた。2004年に、ようやくレッドソックスはワールドシリーズで優勝して「呪い」を解いたのである。

1940年代、レッドソックスは「最後の4割打者」テッド・ウィリアムズを抱え、ヤンキースには「56試合連続安打」のジョー・ディマジオがいて、歴史に残るライバル対決を演出した。

この両チームは同地区にあるので多くの試合数が組まれていて、ボストンのフェンウェイ・パークとニューヨークのヤンキー・スタジアムで興奮に満ちたゲームを展開している。日本でいえば、巨人―阪神戦の雰囲気に近い。

なぜ、この二つのチームがライバルになったのか、その背景を知っておく必要がある。

イギリスの植民地であったアメリカは、独立した18世紀から19世紀の前半は、ボストンを中心にしたニューイングランド地方が中心であった。特に、大学を中心とした教育機関がこの地方に多かったし、経済活動においても繁栄が目立っていた。一方で、ニューヨークは後進地域だったのである。ところがその後、徐々に経済活動の中心がニューヨークに移り、20世紀に入ると、ニューヨークがウォール・ストリートの金融街に象徴される、経済の首都になってしまった。

こういったボストンからニューヨークへのシフトという歴史的背景が、レッドソックスとヤンキースのライバル関係にも影を落としたのである。全体を俯瞰（ふかん）すれば、野球も経済もニューヨークに軍配が上がっているのが現実であるが、それだけに、相手を倒したときのボストンのファンの熱狂度には凄まじいものがある。

同じことは東京と大阪における巨人対阪神のライバル関係でもいえる。東京（関東）対大阪（関西）という地域間のライバル関係が背景にあり、ひと昔前は東京と大阪は経済的にそれほどの格差はなかったが、今はそれが拡大していて、大阪人は悔しさのあまり、阪神をより応援するのである。巨人のほうはさほど阪神を意識していないが、歴史的な経緯によりそれに応じているにすぎない。

サンフランシスコ・ジャイアンツとロサンゼルス・ドジャース

レッドソックスとヤンキースはアメリカ東海岸のチームであるが、西海岸にもジャイアンツとドジャースというライバルの2チームがある。しかもアメリカン・リーグではなくナショナル・リーグなので、趣の異なる組み合わせである。

この両チームは歴史的な経緯が興味深い。かつてはニューヨーク・ジャイアンツとブルックリン・ドジャースであり、ニューヨークに本拠を置く両者はすでにライバル関係にあった。そして、戦後のアメリカは多くの経済活動が東部から西部に移動し、西部での人口増加も著しかったので、この2チームが1950年代後半に西海岸の大都市であるサンフランシスコとロサンゼルスに移ったのである。ジャイアンツは当初、中西部のミネソタに移ることを計画していたが、ドジャースのオーナーがジャイアンツのオーナーに対して「西部に移ったほうがよい」と説得したとされる。ニューヨークでのライバル関係を西部でも続けることがビジネス的にも好ましいと考えたのであり、興味深い逸話である。

人口規模としてはロサンゼルスのほうがサンフランシスコより大きいが、サンフランシスコ、特にその南部はシリコン・バレーとして今ではアメリカIT産業の中心地であり、両都市は経済的にもいい意味でのライバル関係にあるといってよい。

クロスタウン・クラシックス、サブウェイ・シリーズ、ベイブリッジ・シリーズ

中西部の大都市シカゴにもライバルチームがある。カブスとホワイトソックスである。もっとも、この二つはリーグが異なるので、日常戦っているわけではなく、アメリカン・リーグとナショナル・リーグの交流戦で数回戦うにすぎないが、その交流戦のときには当

然、熱狂的な雰囲気になる。この2チームの本拠地球場は、カブスはシカゴ北部、ホワイトソックスは南部にあるので、「クロスタウン・クラシックス」とも称されている。

シカゴのみならず、一つの都市に異なるリーグのチームがあると、似たような対抗戦が発生する。もっとも有名なのは、ニューヨークの「サブウェイ・シリーズ」である。ジャイアンツとドジャースがニューヨークから西海岸に移った後の1962年に、ナショナル・リーグの球団として発足したニューヨーク・メッツと、アメリカン・リーグのヤンキースとの間の交流戦が「サブウェイ・シリーズ」と呼ばれる。現地では地下鉄を乗り継ぐことで両チームの本拠地球場を行き来できるので、このような名前が付いたのである。

球団設立当初のメッツはとても弱く、お荷物球団とも呼ばれたほどだったので、ヤンキースという強豪チームの相手にはならなかった。しかし、1969年にワールドシリーズを制して「ミラクル・メッツ」と称され、人気球団となる。1997年に交流戦が始まると、「サブウェイ・シリーズ」はきわめて注目度の高い試合となった。2000年のワールドシリーズはこの両チームの激突となり、ヤンキースが4勝1敗でメッツを下した。

もう一つ同じ地域のシリーズを挙げると、西海岸にあるオークランド・アスレチックスとサンフランシスコ・ジャイアンツが、サンフランシスコ湾をまたぐ「ベイブリッジ」の両端に本拠地球場があり、「ベイブリッジ・シリーズ」と称される人気の対抗戦となっている。これも、所属リーグが異なるチームの対戦である。

日本の野球界に、このような言葉があるのか調べておこう。時折、関西ダービー（阪神タイガースとオリックス・バファローズ）とかTOKYOシリーズ（東京ヤクルトスワローズと読売ジャイアンツ）などという言葉が用いられることもあるが、アメリカほど普及していないし、定着もしていない。むしろ、なぜ日本で定着しないのかに興味がわく。

第一に、「○○ダービー」というのは後に述べるようにサッカー界でよく用いられる言葉なので、野球界ではそれにあやかろうという意志が弱く、それをあえて用いても注目を浴びない。

第二に、これらのチーム間にライバル意識が弱いことがある。阪神とオリックスはリーグが異なるし、ヤクルトと巨人は同じセ・リーグだが、巨人のライバルといえば「伝統的に」阪神タイガースということになる。むしろ、同じ関東にあるヤクルトと横浜DeNAベイスターズ、あるいは千葉ロッテマリーンズと埼玉西武ライオンズとの間で、地域的な対抗心を煽るほうがよいかもしれない。

第三に、そもそも日本のプロ野球には12球団しかなく、多くのチームを抱えるアメリカメジャーリーグや、ヨーロッパのサッカーリーグに比べて選択肢が極端に少ないことがある。

2　サッカーの「ダービー・マッチ」

イギリス、ドイツ、イタリア

サッカー発祥の地イギリスをはじめ、ヨーロッパではプロサッカーは大変に人気の高いスポーツである。チーム数が多いだけに、同じ地域、ないし近い地域に本拠地を持つケースが結構あり、「○○ダービー」はいたるところにある。

筆者の知っている代表的なダービーを挙げて、簡単なコメントを付けておこう。

イギリスであれば、時折言われることのあるプレミアリーグの「三大ダービー」がある。

まず、北部イングランドのマンチェスター市にある2チームによる「マンチェスター・ダービー」。チームはマンチェスター・ユナイテッドとマンチェスター・シティである。マンチェスターはイギリス産業革命発祥の地であり、繊維、鉄鉱・石炭、鉄道などの産業が発達したので、そこで働く労働者が中心になって、19世紀後半にサッカーチームをつくっていたのがユナイテッドのはじまりである。シティも同じころにつくられたが、ほとんどの時期でユナイテッドのほうがシティより強く、ユナイテッドはイギリスを代表する名門チームになったが、シティは低迷した時期が続いた。

しかし、2008年にアラブ首長国連邦(UAE)の大富豪がシティのオーナーになり、豊富な資金力で有力選手のスカウトに成功し、俄然強くなった。シティが強くなったことにより、両チームが対等かつ水準の高い試合を行う「マンチェスター・ダービー」になったのである。今では両チームが実力・人気の点で拮抗しており、真のダービー・マッチとなっている。

イギリスは現在も階級社会の特色が色濃く残っており、サッカーは労働者・庶民階級の愛するスポーツとされていた。ちなみに少し上の階級はラグビー、もっと上はポロへの関心が高いとされる。産業革命発祥の地であり、衰退したとはいえ今でも工業と商業の町なので、マンチェスターのこの2チームは、その特色を保持していると言える。

また、マンチェスターと同じ産業都市、北イングランドのリヴァプールの2チームによる「マージーサイド・ダービー」がある。マージーサイドとは、リヴァプールのある州の名前からの命名である。チームはエヴァートンとリヴァプールであり、ともにプレミアリーグでは強豪チームである。「マンチェスター・ダービー」の2チームと歴史や産業の背景が近い。

そして、「ノース・ロンドン・ダービー」と称されるのが首都ロンドンの2チームである。ともにロンドン北部にあるチームなので、ノースという言葉が付与されている。チームはアーセナルとトッテナム・ホットスパーであり、マンチェスターやリヴァプールと同様に強豪である。地域が近いだけにライバル心が強く、選手もサポーターも敵愾心（てきがいしん）をあらわにして戦うことで有名である。アーセナルは労働者を中心にして創設されたチームであり、一方のトッテナムは教会やグラマースクールの関係者によって創設された。起源の異なることがチームの対照的な雰囲気につながっている。また、トッテナムにはユダヤ人のサポーターが多いとされるので、人種間の争いも少し影を落としている。とはいえ、最大の対立点は、北ロンドンという同じ地域のホームチームであることに起因している。

以上がイギリスの三大ダービーであるが、筆者は、もう一つのダービーに関心がある。それは「ビッグ・ロンドン・ダービー」と呼ばれるもので、すでに登場した北ロンドンのアーセナルと、西ロンドンのチェルシーの2チームである。なぜ関心を持つかと言えば、サッカーが労働者・庶民のスポーツとされるにもかかわらず、チェルシーのサポーターには富裕層が多いことだ。西ロンドンがそういう人たちの住む地域だからである。したがって、労働者中心のアーセナルと、富裕層中心のチェルシーというサポーターの階級の違いが、両チームのライバル関係に拍車をかけている。余談であるが、筆者がロンドンに滞在していたとき、まわりにチェルシー・サポーターが多くいた。大学関係者なので決して富裕層ではないが、教育水準の高いインテリ層は、サポーターがあまり騒がないチーム、すなわちチェルシーを応援しているのではないかと思えた。

他にも数多くのダービー・マッチがあるが、最後にドイツとイタリアの有名なダービーを一つずつ書いておこう。

ドイツは「ルール・ダービー」と呼ばれるもので、ルール地方の工業地帯にある2チーム、すなわちシャルケとボルシア・ドルトムントである。シャルケのある町は石炭産業で栄え、ドルトムントのある町は鉄鋼、機械、化学、ビールなどで栄えた町で、産業の発展に応じてできたサッカーチームであり、マンチェスターやリヴァプールの場合と同じである。両チームのホームグラウンドはほんの20km弱しか離れていない近距離なので、同じ地域にあるとみなしてよい。日本の内田篤人(あつと)はシャルケに、香川真司はドルトムントに所属した。

イタリアで有名なのは「ミラノ・ダービー」で、ACミランとインテル・ミラノという2チームによるマッチである。この2チームにも本田圭佑(けいすけ)と長友佑都(ゆうと)がそれぞれ在籍していた。イタリア随一の経済・産業都市であるミラノでは、イギリスやドイツと同様に労働者を中心にしたサッカーチームが発展して、世界的なチームとして強くなっていったのである。

レアル・マドリードとFCバルセロナ

スペインを代表する二つのチームによるダービーは、地域を共有するチーム同士のマッチではなく、「ナショナル・ダービー」とも呼ばれるように、同じ国でありながら地域の離れたチームによる争いである。前述したボストン・レッドソックスとニューヨーク・ヤンキースとのライバル関係に近い。スペインのマッチなので「エル・クラシコ」とも称され、スペイン、いや世界を代表するダービー・マッチである。

この両チームは豊富な資金力を生かして、世界中からスター選手を高給でスカウトしている。スペインの国内リーグであるリーガ・エスパニョーラのタイトルのみならず、ヨーロッパチャンピオンズリーグやクラブワールドカップでの優勝も多い。レアル・マドリードはジダン、ベッカム、ロナウドなど、バルセロナはロナウジーニョ、シャビ、メッシなどの大スターを抱えていた。

「エル・クラシコ」と呼ばれるスペインのダービー・マッチの熱狂ぶりを語るには、背景にある社会・経済のことを知っておく必要がある。具体的には、マドリードとバルセロナという都市（とその周辺地域）は、ライバル関係とみなせる要素が多く、それがチームのライバル関係を一層際立たせるからである。

バルセロナのあるカタルーニャ（現地語・英語ではカタロニア）州は、民族主義の立場から、スペインからの独立運動が常に存在していた。

中世の時代においては、独自の言語と文化を持つカタルーニャは独立の王国を持っていたが、15世紀にスペイン王国に統合された。その後、いろいろな経緯を経て、１９３９年に独裁者フランコによってカタルーニャは完全にスペインの中に入り、自治は大きく制限された。しかも、独自の言語の使用を禁止されるという弾圧も受けた。しかし１９７５年にフランコが死去すると、スペインの民主化は進行し、カタルーニャにも自治権が与えられたし、言語の使用や独自文化の復興も認められた。

しかし２０１０年あたりから、再びスペインからの独立運動が起こるようになった。その動機にはさまざまなものがある。第一に、民衆がカタルーニャの言語・文化を強く意識するようになった。第二に、地域の経済が結構強く、スペイン経済全体の不振の中で、自分たちの地域経済の繁栄を独自に続けたいという希望を持つようになった。換言すれば、自分たちの強い経済は他州の弱い経済をこれ以上助けなくてよい、と思うようになった。第三に、スペイン中央政府がカタルーニャの自治を制限する動きに出るようになった。こうしてカタルーニャ民衆の独立運動が盛んになっていったのである。

２０１４年から18年にかけての、地域内での住民投票や州議会選挙によって、独立派が多数を占めるようになったので、独立運動は一気に高まることとなった。しかしスペイン中央政府は、独立が憲法違反であるとの方針の下に、独立を認めないどころか、州政府の首相を国外逃亡にまで追い込むような強硬手段を取っている。

現在、独立運動は混沌（こんとん）としているといってよいが、その理由としては、民衆の中では独立賛成派と反対派の比率が拮抗している点が大きい。独立せずにスペイン、あるいはＥＵにとどまっているほうが経済的に好ましいと思う人々も、かなり存在しているのである。独立したら人口７５０万人の小国になるので、たとえ地域内の経済は強くとも、グローバル化から取り残されるかもしれないと危惧する人々である。

このように、歴史的にも現代においても、カタルーニャは他のスペイン地域とは別の立場にいたいという思いが強い。したがって、バルセロナの人々は首都のマドリードに対して反感が強いのである。サッカーチームにおいても対立が深まるのは当然となる。

こうして「エル・クラシコ」は、両者の高い技術に裏付けられた勝敗の争いと、背景にある社会・経済の反目意識により、世界でも稀に見るライバル意識による大熱狂を現出するのである。

3　日本における「ダービー・マッチ」

Jリーグのダービー・マッチ

日本のサッカーにおいても、いろいろなダービー・マッチがあり、バルセロナとマドリードのような、地域を共有しない強豪チーム同士の「ナショナル・ダービー」もある。しかし、スペインのように長期間にわたってライバル関係にあったチーム同士ではなく、たまたま、その時期に強豪だった2チームによるのが日本の特色である。さらに、背景にある大きな社会・経済の対立といった要因が日本のダービー・マッチには希薄である。

「ナショナル・ダービー」としては、ヴェルディ川崎対横浜マリノス、鹿島アントラーズ対ジュビロ磐田、浦和レッズ対ガンバ大阪などがあるが、それぞれのチームのサポーターが相手チームのサポーターへの対抗意識を強めたことに対して、マスコミが「〇〇ダービー」と称して煽ったというのが実情に近い。

筆者はむしろ、地域を共有するライバル同士の「ローカル・ダービー」に興味がある。同じ地域を本拠地としていれば、身近にいるチームは何かにつけて気になるだろうし、ライバル心も強くなるだろうと想像できる。代表例としては、サッカー王国である静岡県や埼玉県の「静岡ダービー（清水エスパルス対ジュビロ磐田）」、「さいたまダービー（浦和レッズ対大宮アルディージャ）」、あるいは「大阪ダービー（セレッソ大阪対ガンバ大阪）」などが有名である。これらのダービー・マッチであれば、観衆の数も他のチームとの試合より多くなるし、サポーターも異様に盛り上がって対抗意識を丸出しにする。もっとも、これらのダービー・マッチはどちらかのチームが異なるカテゴリーにいるときは試合が開催されないので、毎年続けて、この対抗マッチが行われるとは限らない。

他に有名なものとして、「川中島ダービー（ヴァンフォーレ甲府対アルビレックス新潟）」、「瀬戸大橋ダービー（ファジアーノ岡山対カマタマーレ讃岐）」などがある。川中島は武田信玄と上杉謙信のライバル関係、瀬戸大橋は瀬戸内海を挟んでの地域対抗を想定している。

Ｊ１、Ｊ２、Ｊ３とチーム数が多いので、集客キャンペーンとして「○○ダービー」をつくることもあるが、プロスポーツの世界では宣伝も重要なので、「○○ダービー」が数多くあることを否定する気は毛頭ない。ただ、サポーターのチーム愛から自然に湧き上がる「○○ダービー」であればより好ましく、「健全な地域間対抗」のモチベーションを醸成する意味でも、それらを大切に育てたいものである。

Ｂリーグにおける「三河対尾張」

プロバスケットリーグにおける「○○ダービー」にも言及しておこう。

ＢリーグのＢ１には愛知県に三つのチームがある。中地区のシーホース三河と、西地区の名古屋ダイヤモンドドルフィンズは、地区は別であるが、同じ愛知県にあるチームなので
ライバル意識は強いし、異なる地区間での交流戦もあるので、ダービーと考えてよい。

シーホースが中地区に移る以前はともに西地区にいたので、もとよりライバル意識は強かったのである。

シーホース三河は、トヨタ自動車の大手子会社（今は独立系の大手とみなしてよい）であるアイシン精機のバスケットボールチームであったが、プロ化を図り、現在は株式会社が運営している。ホームアリーナは刈谷市にあるが、岡崎市、そしてトヨタの本拠地・豊田市でも時々ゲームを行っている。

一方の名古屋ダイヤモンドドルフィンズは、もともとは三菱電機名古屋製作所のバスケットボールチームで、シーホース三河と同じく実業団チームであった。プロ化によって現チーム名となったが、ダイヤモンドは三菱の屋号である。運営は名古屋ダイヤモンドドルフィンズ株式会社によってなされ、ホームアリーナは名古屋市にある。

なおややこしいのは、愛知県には東三河地区の豊橋市を本拠地とする三遠ネオフェニックスというB1中地区のチームもあることで、三河地区に注目するなら、三遠ネオフェニックスとシーホース三河も「○○ダービー」の一つとなる。言ってみれば、シーホース三河は西に名古屋ダイヤモンドドルフィンズ、東に三遠ネオフェニックスというライバルを抱えていて、恵まれた状況にいるのである。

ただ本書では、シーホース三河と名古屋ダイヤモンドドルフィンズの対抗心に注目してみたい。歴史的、経済的に見て興味深いライバルだからである。

歴史的には、戦国時代において、織田信長が支配した尾張地方、徳川家康が支配した三河地方の覇権争いに端を発する。両家はいろいろな駆け引きの下で戦ったり和平を結んだりしていたことは、歴史的によく知られるところである。三河と尾張のライバル関係はここから始まっている。

経済的に見ると、三河の豊田市を中心にした一帯は、トヨタ自動車を中核とした日本を代表する一大工業地帯であるし、尾張の名古屋市も鉄鋼、機械、電器を中心にした一大工業地帯なので、経済的な対抗心を持っても不思議はない。バルセロナとマドリードの覇権争いとよく似ていると感じられるのではないだろうか。

実は、教育界でも二地域はライバル関係にある。かつて愛知師範（第一師範）と岡崎師範（第二師範）は、ともに師範学校の名門校であった。両校が戦後になって愛知学芸大学（現・愛知教育大学）に昇格するとき、本校をどちらにするかで悶着（もんちゃく）があり、名古屋分校と豊川分校（後に岡崎分校）の並立でスタートした。１９７０（昭和45）年に統合されたが、大学は三河と尾張の境目にある刈谷市に本校を移す案で結着したのである。両地域の意地の張り合いは教育界にも見られたのであった。

このように見てくると、三河と尾張は同じ愛知県にありながら、歴史、経済、教育など、あらゆる分野においてライバル関係にあることがわかる。このライバル関係が、バスケットボールＢリーグにおけるシーホースとダイヤモンドドルフィンズに色濃く反映されていることに不思議はないのである。

四国アイランドリーグplus

すでに、プロ野球独立リーグの一つとして四国アイランドリーグplusを紹介したが、ここでは、本章のテーマである「地域対抗」という視点から、あらためて評価してみたい。

前身は、２００５（平成17）年に公式にスタートした「四国アイランドリーグ」である。ＮＰＢとは別組織で、四国４県、すなわち香川、愛媛、高知、徳島に本拠地を持つ４チームがリーグ戦を行う、地元に密着したプロ野球リーグであった。しかしスポンサーの問題、地域間の距離、財政難などがあって、リーグ運営はスムーズに進まなかった。紆余曲折を経て、２０１１（平成23）年より、さらなる上昇を目指して「plus」という名前を付与して再スタートしたのである。

もともと、四国は野球の盛んな地域である。ともに後のプロ野球における名監督になる三原脩（高松中）・水原茂（高松商）のライバル関係から始まって、四国四商（高松、松山、高知、徳島）と称される商業高校の甲子園大会での強さ、板東英二（徳島商）と村椿輝雄（魚津高）の投げ合い（１９５８〈昭和33〉年）、松山商対三沢の決勝戦（１９６９〈昭和44〉年）など、四国の高校が演じた名勝負は尽きない。こうした地域的な背景が、四国で独立リーグを立ち上げるエネルギーとなったのである。

ただし、リーグの運営はそう容易ではない。選手の報酬はすでに紹介したルートインBCリーグ（北陸・信越地方の独立リーグ）と同様の水準と決められ、月10万円前後なので選手は野球だけでは食べていけない。入場料の安さ（５００～１０００円）が響いているが、入場料を高くすると観客数が減少するというジレンマがあり、高く設定できない事情はよくわかる。

なぜ独立リーグの運営がうまくいかないのか、筆者の仮説を提示しておこう。

すでに多少述べたことであるが、独立リーグの選手の希望は、ＮＰＢの球団にドラフト指名されることにある。ここに、プロチームの二軍、三軍との関係が曖昧になる恐れがある。独立リーグのチームは、ＮＰＢの三軍とも交流戦を行っている。チームのホームページには、所属選手がＮＰＢのドラフト会議で指名されたことが誇らしげに告知されている。もちろん、ＮＰＢに人材を送り出すことが独立リーグのアピールポイントではあるのだが、ファンの立場からすると、ゲーム自体のおもしろさ、あるいはリーグ優勝を巡っての激しい戦いのほうに、より興味があるのではないだろうか。

プロサッカーであれば、Ｊ２やＪ３のファンの第一の関心はリーグにおける順位争いである。四国アイランドリーグplus、あるいはＢＣリーグにおいても、ＮＰＢ選手の育成だけでなく、独立リーグ内での激しい争いをもっと前面に打ち出してアピールすれば、地元に住む一般の野球ファンが、もっと球場に足を運ぶのではないだろうか。野球の水準は高くなくとも、地元の高校チームを応援するのと同じような雰囲気をつくることが、もっとも有効な政策と思える。

その意味で、サッカーのJ2やJ3、あるいはバスケットボールのBリーグに学ぶところは、まだまだ多いのではないだろうか。

終章　プロスポーツ「地方展開」のさらなる可能性を探る

地方でのプロスポーツ振興策

ここまで、プロスポーツの地方化について、さまざまな観点から論じてきた。ここでは、筆者が特に重要と判断する点を箇条書きで記しておきたい。

1　極力、ホームグラウンドを各地域に設置して、マネジメントもその地域で実行するようにする。試合会場、ゲームの運営、宣伝活動、集客活動がやりやすいからである。またホームグラウンドを一都市に限定せず、近隣の都市を巡回することが望ましい。

2　地元企業のスポンサーシップに期待が集まるが、地元の地方公共団体の支援も仰ぎたい。企業支援が不充分なときは、税収を注ぎ込んででも、運営費の一部に財政支援があれば心強い。ただ、スタジアムの建設には大きな費用がかかるので、一部の住民からは税金投入への否定的な意見があるかもしれない。したがって、最初の段階では公債発行での資金調達案もありうるが、完成後に収入があれば返済ができる。

3　地元の高校生、中学生、小学生との結びつきを特に大切にしたい。若いころに、野球、サッカー、バスケットボール、その他のスポーツに接する機会が多ければ、その人のスポーツへの思い入れは一生続く。大人になってもプロチームの試合を観戦にきてくれることだろうし、財政支援者になってくれる人もいるだろう。具体的には、若い年代の人と地元プロ選手との交流、試合の入場料を若年層には大きく割引する、あるいは無料とすることもあってよい。

4　プロのキャリアを終えたスポーツ選手の最大の関心は、いわゆるセカンドキャリアである。ごく一部の人はコーチ、スポーツ団体職員、教師などになれるが、多くの人はキャリアを全く変更せねばならない。そのときに助けになるのが、スポンサー企業での雇用である。スポンサー企業と選手の双方に、この可能性を頭に入れながら日頃の活動を行ってほしいし、採用を優先的に行う度量がほしい。選手においても、企業人になるための準備に努めてほしい。

5　プロスポーツ経営のためには、いかに多くの観客数を確保するかが鍵である。一つの策は、Jリーグのヴィッセル神戸がイニエスタ、ポドルスキ、ビジャ、サガン鳥栖がフェルナンド・トーレスを獲得したように、超一流選手を招くことである。ただ、そのためには資金が豊富にあることが不可欠で、普通のチームでは困難である。そこで代替案として、地元出身の選手をできるだけ多く採用する策がある。地元の高校を応援する高校野球の姿にならって、地元出身のプロ選手を応援する姿に期待したい。Bリーグの琉球ゴールデンキングスがそれで成功した例を強調しておこう。

6　アジア出身の選手をプロチームの選手として招く策は、別の意味で効果がある。例えばJリーグのコンサドーレ札幌は、タイのスター選手であるチャナティップを招き入れて、成功を収めた。本人の選手としての実力プラス人気度の高さから、彼を見たいと試合会場に来る人が増加した。彼だけが理由ではないが、企業努力によって、札幌は5年間で1・8倍の入場者増に成功したのである。

サッカー選手といえば、名前と実力からしてヨーロッパの選手を招き入れることをまず考えるが、年俸がとても高いのでなかなか採用できない。アジアの選手であれば、それほどの高額でなくてよいメリットがある。それに加えて、チャナティップは本国タイでは英雄視されていて、大変な人気者となっている。タイから日本に彼のプレーを観にくるツアーも企画されているほどである。他のアジア諸国にも第一級の選手はいると思われるので、そういった選手を多く入れることに期待が高まる。

7　地方でのスポーツ観戦は、ゲーム自体に魅力を持たせることが大切なのは当然だが、加えて、他の催し物や応援行事を行うことも、観衆の増加に貢献する。例えばBリーグの千葉ジェッツは、試合開始の1時間前から華やかなセレモニーを行ったり女性や子ども向けのサービスを整えて、これらの人を惹き付けることに成功している。その他、会場に託児所を設けたり、会場に来た人にポイントを与えて選手との記念撮影や、グッズ・チケットの特典として使えるようにしたりして、とにかく試合会場に来る人が次回も来たいと思わせるように努力した。これらの施策が功を奏して、千葉ジェッツは3年間で観客動員数を10倍にした。

プロ野球に新しいチームの参入はありうるか

本書の締めくくりに、日本最大規模のプロスポーツであるプロ野球（ＮＰＢ）において、さらなる地方展開の可能性があるか、探っておきたい。

プロ野球においては、常に新規球団の参入が話題となる。２００４（平成16）年の球界再編に際して選手会のストライキがあったとき、プロ野球の経営側には中世ヨーロッパのギルドに似た性格があったことを指摘した（橘木、２０１６）。

ギルドとは、商業や工業に従事する人々が、同業にある人同士で組合をつくり、自分たちの利益を最大にするための施策を組合として実行したものである。もっともギルド内では厳格な規定があって、製品の質や価格を一定に保ち、かつ販売・営業活動を円滑にするためにさまざまな方策が採用されていたので、ギルドを封建的な組織として一蹴することはできない。

しかし、ギルド以外の人は自由な経済活動ができないし、厳格な要件が課されていて、新しい業者がギルドに加盟することは困難であった。つまり、自分たちの独占的な権益を自分たちだけで享受する意図が明らかであった。すなわち自由競争の排除と、限られたメンバーだけの共存共栄が目的だったのである。

当時のプロ野球をギルド的と判断した理由は次の二つにある。第一に、新しい球団が連盟に加入するには60億円の拠出が必要であった。これは新規参入を阻止する制度と理解してよく、法律の専門家の中には「プロ野球界は独占禁止法に違反する」との声すらあった。

第二に、自分たちの利益額が正確に把握されないようにと、球団の財政事情が正確に公表されていなかった。中世のギルドにおいても内部の情報はさほど公開されていなかったので、同じ状態にあると言える。

その後、ギルド的体質は多少緩和されたがまだ残っており、新しい球団の参入はそう容易ではない。例えば、ファッション通販大手のZOZOTOWNの前澤友作社長がNPBへの参入プランを打ち出して話題になったが、球界の反応は無視に近かった。12球団体制を保持するほうが、種々のメリットを享受できるからである。

サッカーのJリーグ、あるいはバスケットボールのBリーグに比べて、NPBに参入するハードルは格段に高い。資金豊富な親会社の存在が不可欠なので、そういう企業が数社そろって新規参入を図らない限り、困難なのである。しかし、可能性はゼロではない。その案を探ってみたい。

今のプロ野球球団は、主に大都市に本拠地を持っている。人口が多いことは魅力であるし、親企業もそこでなら球団経営がやりやすいためである。NPBの新しい本拠地となれそうな、ある程度の規模がある都市を前提にすると、候補地は静岡（浜松を含む）、金沢、新潟、京都、神戸、高松（松山を含む）などとなる。ただし神戸はオリックス・バファローズの準本拠地で、かつ、兵庫県は阪神タイガースのフランチャイズ地域なので、やや特殊である。なお、京都には松竹ロビンスという球団が本拠地を置いたことがあるので、京都に球団ができれば二度目である。

なおプロ野球球団の本拠地は、必ずしも親企業の本社のある地域と同じでなくともやっていける。例えば札幌の日本ハムの親企業は大阪が本社、仙台の楽天は東京が本社、福岡のソフトバンクも東京が本社なので、球団の本拠地と親企業の本社が離れていようと問題はない。むしろ球団を持ちたいとする資金豊富な親企業の存在が第一条件である。しかも、創業者がいい意味でも悪い意味でもワンマンで事業を行っているような企業が有望だろう。三木谷浩史の楽天、孫正義のソフトバンクなどがいい例である。また過去のプロ野球球団の親会社は、鉄道会社、映画会社、新聞社、食品会社などであったが、現在ではＩＴ企業などに主流が移りつつある。

さらに、地元の人々が球団の創設に熱心である必要がある。親企業だけが旗を振っても、試合場に足を運んでくれるファンがいない限り、球団経営は成り立たない。そういう意味では、静岡（浜松を含む）と高松（松山を含む）は野球人気の高い地域なので、有力な候補となる。松山の坊っちゃんスタジアムは施設としても申し分ない。

金沢と新潟は、寒い北陸地方なので、ドーム球場を作る余裕のある親企業が望ましいが、ここは地元の地方公共団体の支援に期待してもよいと思う。札幌ドームの建設は札幌市が主導したのである。サッカーのアルビレックス新潟は成功しているので、野球も同様の道を歩めるのではないだろうか。

残るは大都会・京都である。「十大都市の中でプロ野球を持たないのは京都だけである」と吹聴して、京都人の自尊心を刺激するキャンペーンを張りたいものである。地元の西京極総合運動公園野球場（わかさスタジアム京都）の収容人数は2万人ほどなので、拡張が必要であろう。Jリーグ京都サンガの本拠地が近くにあるので、サッカーと野球ができる札幌ドームのような新施設の建設もありうるが、球場の問題も含めて、やや時間のかかる計画と言わざるをえない。

おわりに

本書は、スポーツの振興によって地方を活性化できる、という主張を幅広い視点から論じたものである。特にプロスポーツの振興に焦点を合わせたが、プロスポーツ界に選手を送り込むのは高校、大学を中心にしたアマチュアスポーツ界なので、アマチュアスポーツにおける地方の役割も論じることにした。さらにプロスポーツにおいても、野球やサッカーだけに限定せず、バスケットボールやアイスホッケーにも注目したので、数多くのスポーツを論じたという特色がある。

本書執筆の一つの動機は、東京オリンピックの開催であった。東京一極集中の象徴であるオリンピックの東京開催には、筆者はもともと反対であったが、決定した以上は、なんとか成功してほしいという気持ちになっている。とはいえ、メダル獲得競争が過激になっているし、首都がますます肥大化して繁栄する姿は、中央と地方の格差をさらに拡大するので好ましくなく、是正策を主張したわけである。

プロスポーツ、そしてアマチュアスポーツを概観すると、地方分散化はよい方向に進んでいる。そのことを本書で明らかにした。それは野球、サッカー、バスケットボールなどの具体的な例で示される。本書ではいろいろな例を示したし、具体的な政策として何をやればよいかを提言の形で示した。いくつか重要なものを述べてみよう。

第一に、日本のプロスポーツは、野球を典型にして、チーム名に企業名が入ることが多かった。それは企業がオーナーになってプロチームを持つ伝統があったことによる。しかしプロスポーツを地域の活性化の手段に用いるなら、地域名を前面に出すことが好ましい。サッカーやバスケットボールはそれで成功している。一方で、企業は公式スポンサーになるなど違う形で支援を行い、そのことを地域住民にアピールすればよい。地域と企業が一体となって支援する姿が好ましい。

　第二に、地方チームによる「ダービー・マッチ」の紹介である。特定地域の「おらがチーム」と、同地域のチームとの対抗意識が強ければダービー・マッチが成立し、多数の観客を呼び込める。これらの例を、世界各国の事例を紹介しながら、日本の事情とも重ね合わせて論じてみた。

　第三に、プロスポーツの活性化に寄与する外国人選手の役割である。特定の優れた技能を有する外国人選手は、今や日本のプロスポーツ界において欠かせない存在となっている。もちろん、優れた外国人選手を獲得するには資金がかかるし、選手の大半が外国人になってしまうと人気を失いかねないデメリットもある。それをどういうバランスにすればよいか、論じてみた。


　本書は、集英社新書編集部の千葉直樹氏の依頼により執筆に取り組んだ。スポーツに多大な関心があり、何冊かの書物をすでに出版している身としてはありがたいオファーであった。さらに、初稿に対して適切なコメントを種々提示された千葉氏の高い編集能力に感謝したい。残された誤謬（ごびゅう）と主張に関する責任は、ひとえに著者に帰するものである。

橘木俊詔

参考文献

小川　勝『オリンピックと商業主義』集英社新書、二〇一二年
小川　勝『東京オリンピック――「問題」の核心は何か』集英社新書、二〇一六年
川淵三郎『「J」の履歴書――日本サッカーとともに』日本経済新聞出版社、二〇〇九年
木村達郎『琉球ゴールデンキングスの奇跡』学研パブリッシング、二〇〇九年
新日本有限責任監査法人編『最新スポーツビジネスの基礎――スポーツ産業の健全な発展を目指して』（スポーツの未来を考える②）同文舘出版、二〇一六年
橘木俊詔『プロ野球の経済学――労働経済学の視点で捉えた選手、球団経営、リーグ運営』東洋経済新報社、二〇一六年
橘木俊詔・齋藤隆志『スポーツの世界は学歴社会』ＰＨＰ新書、二〇一二年
原田宗彦編『スポーツ産業論入門』杏林書院、一九九五年
堀　繁・木田　悟・薄井充裕編『スポーツで地域をつくる』東京大学出版会、二〇〇七年

図版作成／クリエイティブメッセンジャー

橘木俊詔（たちばなき　としあき）

一九四三年生まれ。京都女子大学客員教授（労働経済学）。ジョンズ・ホプキンス大学大学院博士課程修了（Ph.D.）。京大教授、同志社大教授を歴任。日本の格差社会の実態を経済学の立場から分析し、『日本の経済格差』『格差社会』（共に岩波新書）など多くの著作を発表している。スポーツ関連の著作には『プロ野球の経済学』（東洋経済新報社）、『スポーツの世界は学歴社会』（齋藤隆志との共著、PHP新書）などがある。

集英社新書〇九九二H

「地元チーム」がある幸福　スポーツと地方分権

二〇一九年九月二二日　第一刷発行

著者……橘木俊詔

発行者……茨木政彦

発行所……株式会社集英社

東京都千代田区一ツ橋二-五-一〇　郵便番号一〇一-八〇五〇

電話　〇三-三二三〇-六三九一（編集部）

〇三-三二三〇-六〇八〇（読者係）

〇三-三二三〇-六三九三（販売部）書店専用

装幀……原　研哉

印刷所……大日本印刷株式会社　凸版印刷株式会社

製本所……加藤製本株式会社

定価はカバーに表示してあります。

ISBN 978-4-08-721092-7 C0275

Printed in Japan

a pilot of wisdom

a pilot of wisdom